CATALOGUE

DE

LIVRES FRANÇAIS

BIEN RELIÉS

COMPOSANT LA

BIBLIOTHÈQUE DE FEU M. TR...

DONT LA VENTE AURA LIEU

Le Lundi 8 novembre 1880 et jours suivants
à 7 heures et demie précises du soir

Rue des Bons-Enfants, 28 (maison Silvestre)

Salle n° 1

Par le ministère de Mᵉ Maurice **DELESTRE**, commissaire-priseur
Rue Drouot, 27.

PARIS

ADOLPHE LABITTE

LIBRAIRE DE LA BIBLIOTHÈQUE NATIONALE

4, Rue de Lille, 4

——

1880

CATALOGUE

DE

LIVRES FRANÇAIS

BIEN RELIÉS

COMPOSANT LA

BIBLIOTHÈQUE DE FEU M. TR...

CONDITIONS DE LA VENTE.

La vente se fait au comptant.

Les acquéreurs paieront cinq pour cent en sus des enchères, applicables aux frais.

Il y aura chaque jour, de 2 à 4 heures, exposition des livres qui seront vendus le soir.

M. Adolphe Labitte, chargé de la vente, remplira les commissions des personnes qui ne pourraient y assister.

ORDRE DES VACATIONS.

Paris. — Typ. Georges Chamerot, 19, rue des Saints-Pères. — 9998.

CATALOGUE

DE

LIVRES FRANÇAIS

BIEN RELIÉS

COMPOSANT LA

BIBLIOTHÈQUE DE FEU M. TR...

DONT LA VENTE AURA LIEU

Le Lundi 8 novembre 1880 et jours suivants
à 7 heures et demie précises du soir

Rue des Bons-Enfants, 28 (maison Silvestre)

Salle n° 1

Par le ministère de Mᵉ Maurice **DELESTRE**, commissaire-priseur
Rue Drouot, 27.

PARIS

ADOLPHE LABITTE

LIBRAIRE DE LA BIBLIOTHÈQUE NATIONALE

4, Rue de Lille, 4

——

1880

CATALOGUE

DE

LIVRES FRANÇAIS

BIEN RELIÉS

COMPOSANT LA

BIBLIOTHÈQUE DE FEU M. TR...

———◦◇◦———

THÉOLOGIE

———

1. Le Symbole des Apôtres, essai historique, par Michel Nicolas. *Paris, Michel Lévy frères*, 1867, in-8, br.

2. Les Évangiles annotés par P.-J. Proudhon. *Paris, Lacroix*, 1866. — La Science des religions, par Em. Burnouf. *Paris, Maisonneuve*, 1872. — Théologie portative, ou Dictionnaire abrégé de la Religion chrétienne, par M. l'abbé Bernier. *Londres*, 1768. — Affaire de la Salette, recueillie et publiée par J. Sabbatier. *Paris*, 1857. — Pasquin et Marforio. Histoire satirique des Papes, traduite et publiée pour la première fois par Mary Lafon. *Paris, E. Dentu*, 1861. — Le Prêtre et le Sorcier, statistique de la superstition, par A.-S. Morin. *Paris, Arm. Le Chevallier*, 1872.

— La Religion des imbéciles, par M. Monnier. *Paris, Dentu.* Ens. 9 vol. in-12, rel. et br.

3. Dictionnaire ecclésiastique et canonique portatif, ou Abrégé méthodique de toutes les connaissances nécessaires aux ministres de l'Église, et utiles aux fidèles qui veulent s'instruire de toutes les parties de la Religion, par une société de religieux (dom J.-F. de Brézillac). *A Paris, chez Dehansy,* 1766, 2 vol. in-8, v. antiq. marbr.

4. Traité de la connaissance de Dieu et de soi-même suivi de l'Exposition de la doctrine de l'Eglise catholique, par Bossuet, nouvelle édition revue avec une introduction par M. U.-Silvestre de Sacy. *Paris, J. Techener,* 1864, in-12, br.

5. La Beatitude des Chrestiens, ou le Fleo de la foi, par Jeoffroy Vallée, natif d'Orleãs... *S. l. n. d.* plaq. in-8 de 10 feuillets demi-rel. bas. viol.

Réimpression faite vers 1770 dans le même format que l'original.

6. Recueil de divers traitez de piété (par Jean Hamon). *Paris, Guill. Desprez,* 1672, in-12, mar. roug. dos orné comp. à la Du Seuil, tr. dor. (*Rel. anc.*)

7. Lettre à MM. les doyen, syndics et docteurs en théologie de la Faculté de Paris (*par l'abbé Nic. Lenglet du Fresnoy*). *S. l. n. d.* plaq. in-12 de 22 pages, cart. perc. (*Behrend.*)

Cachet sur le titre et le dernier feuillet de l'ouvrage.

8. État de l'homme dans le péché originel, où l'on fait voir quelle est la source et quelles sont les causes et les suites de ce péché dans le monde. *Imprimé dans le monde en* 1774, pet. in-12, v. fauve, dos orné, fil. tr. dor. (*E. Niedrée.*)

9. Rénovation religieuse, par Patris Larroque. *Paris,* 1860, in-8, br.

10. Examen critique des doctrines de la religion chrétienne, par Patrice Larroque. *Paris, de Bohné et Schultz*, 1860, 2 vol. in-8, br.

11. Avertissement à la jeunesse et aux pères de famille sur les attaques dirigées contre la religion, par l'évêque d'Orléans. *Paris, Douniol*, 1863. — Notice sur M. Littré, sa vie et ses travaux, par C.-A. Sainte-Beuve. *Paris, L. Hachette*, 1863. — La *Revue du Progrès* moral, littéraire, artistique et scientifique, n^{os} de juin et juillet 1863. Ensemb. 3 ouvrages reliés en 1 vol. gr. in-8 demi-rel. veau bleu, ébarbé.

12. Études d'histoire religieuse, par Ernest Renan. *Paris, Michel Lévy frères*, 1857, in-8, demi-rel. veau fauv. tr. marb.

13. Les Apôtres, par Ernest Renan. *Paris, Michel Lévy frères*, 1866, in-8, demi-rel. mar. rouge, tr. jasp.

14. Le Christianisme et ses origines, — l'Hellénisme. — par Ernest Havet. *Paris, Michel Lévy frères*, 1872, 2 vol. in-8, br.

15. La Bible dans l'Inde, vie de Iezeus Christna, par Louis Jacolliot. *Paris, Librairie internationale*, 1869, in-8, demi-rel. mar. jans. vert., tête dor. ébarbé.

16. Examen critique des doctrines de Gibbon, du docteur Strauss et de M. Salvador sur Jésus-Christ, son évangile et son église, par Marie-Nicolas-Sylvestre Guillon. *Paris, Charles Gosselin*, 1841, 2 vol. in-8, demi-cart. perc. vert. tr. jasp.

17. Histoire élémentaire et critique de Jésus, par A. Peyrat. *Paris, Michel Lévy*, 1864, in-8, demi-rel. v. fauv. tr. marb.

18. Opinion des déistes rationalistes sur la vie de

Jésus selon M. Renan, par P. Larroque. *Paris,
E. Dentu,* 1863. — La Synagogue et M. Renan,
réponse au livre de la Vie de Jésus par le rabbin
Lévy, de Lunéville. *Lunéville, veuve George et fils,*
1863. — Vie de Notre-Seigneur Jésus-Christ, par
Eug. Potrel, réponse au livre de M. Renan. *Paris,
Martin Beaupré frères,* 1863. Ensemb. 3 ouv. en
1 vol. in-8, demi-rel. v. viol. tr. marb.

19. Du Pouvoir temporel de la papauté, par M. Bon-
jean, sénateur. *Paris, Lahure,* 1862, in-8, parch.
.vert, tr. peign., chiffre sur les plats.

20. La Vie du pape Alexandre VI et de son fils César
Borgia, etc,, par Alex. Gordon, traduite de l'anglois. *A Amsterdam, chez Pierre Mortier,* 1751,
2 vol.in-12 portraits, antiq. marb.

21. Recherches sur la grande confrérie Notre-Dame
aux prêtres et bourgeois de la ville de Paris, suivies du cartulaire et des statuts originaux de cette
confrérie, par M. Le Roux de Lincy. *Paris, imprimerie d'E. Duverger,* 1844, in-8, br.

Extrait des mémoires de la Société royale des antiquaires de France.

22. Pouillé du diocèse de Chartres, ou recueil des
abbayes, chapelles.... de l'évêché de Chartres....
par N. D*** (*N. Doublet, libraire à Chartres*). *A
Chartres, chez Nicolas Doublet,* 1738, in-4, bas.

23. Histoire de la liberté religieuse en France et de
ses fondateurs, par J.-M. Dargaud. *Paris, Charpentier,* 1859, 4 vol. in-12, br.

24. La Politique du clergé de France, ou Entretiens
curieux de deux catholiques romains, l'un parisien et l'autre provincial, sur les moyens dont on
se sert aujourd'hui pour détruire la religion pro-
testante dans ce royaume, par Pierre Jurieu.
Deuxième édition, revue, corrigée et augmentée
de plusieurs lettres sur le même sujet, et princi-

palement de celle de M. Spon au P. La Chaise. *A
Amsterdam, Daniel Dufresne*, 1682, in-12 parch.
ant. à recouv.

25. La Vérité des miracles opérés par l'intercession
de M. de Paris, démontrée contre M. l'archevêque
de Sens par M. de Montgeron. *A Utrecht*, 1737,
in-4, portrait et figures, v. fauve antiq.

26. Véritable Origine des biens ecclésiastiques ;
Fragmens historiques et curieux contenant les
différentes voies par lesquelles le clergé séculier
et régulier de France s'est enrichi, accompagnés
de notes historiques et critiques, rédigés par
M. Rozet. *A Paris, chez Desenne*, 1790, in-8,
demi-rel. bas. tr. jasp.

27. L'Abbé commendataire, où l'Injustice des com-
mendes est condamnée par la loy de Dieu, par
les décrets du pape et par les ordonnances, prag-
matiques et concordats des Roys de France pour
les défendre contre la calomnie de ceux qui en pré-
tendent authoriser cet abus, par le sieur Des Bois.
A Cologne, chez Nicolas Schouten, 1673, in-12,
vélin blanc moderne.

A la suite de l'ouvrage on a relié la réponse au livre intitulé : l'Abbé
commendataire. *Cologne*, 1673, in-12 de 95 pages.

28. Briefve Histoire de l'institution des ordres religieux, avec les figures de leurs habits gravées sur
le cuivre, par Odoart Fialetti Bolognois. *A Paris,
chez Adr. Menier*, 1658, in-4, 73 planches gravées, v. fauve, dos orné, fil. initiales sur les plats,
dent. int. tr. dor. (*Duru.*)

29. Encyclopédie monastique, ou Histoire des mo-
nastères, congrégations religieuses et couvens qui
ont existé en France, par M. Charles Chabot. *Paris, Ed. Le Roy*, 1827, in-8, br.

30. Histoire des corporations religieuses en France,

par M. E. Dutilleul. *Paris*, *Amyot*, 1846, in-8, br.

31. Les Bénédictins de la congrégation de France. Mémoires du R. P. dom Pierre-Marie-Raphaël des Pilliers. *Abbaye d'Acey*, 1868, 2 vol. in-8, br.

32. Légende dorée, ou sommaire de l'histoire des frères mendians de l'Ordre de Saint-Dominique et de Saint-François (par Nic. Vignier le fils). *Amsterdam*, 1734, in-12, v. fauve dos orné, fil. chiffre sur les plats, dent. int. tr. dor. (*E. Nie-drée*.)

33. Le Jésuite misopogon séraphique, ou l'Ennemi de la barbe des Capucins. *A Naples*, 1762, in-12, v. fauv. fil. noirs, dent. int. tr. d. (*Thouvenin*.)

Par Jean-Louis-Claude-Taupin Dorval, ci-devant receveur des Aydes à Niort, mis à la Bastille le 20 février 1752, sorti le 15 avril 1753, transféré à Pierre-Encisve, où il était encore en août 1757.

34. Histoire de la chute des Jésuites au xviiie siècle, 1750-1782, par le comte de Saint-Priest. *Paris, Amyot*, 1846. — E. Spuller. Ignace de Loyola et la Compagnie de Jésus, étude d'histoire politique et religieuse. *Paris, J. Decaux*. — Le Président d'Entrecasteaux, ou le Parlement et les Jésuites, scène historique du xviiie siècle, par Guénée Watt. *Paris, s. d.* — Ens. 3 vol., in-12, br. et relié.

35. Les Enluminures du fameux almanach, ou Triomphe de Molina, jésuite, sur saint Augustin (*par Isaac-Louis Le Maistre de Sacy*), avec l'Onguent pour la brûlure, ou le secret d'empêcher aux jésuites de brûler les livres (*par J. Barbier d'Aucourt*). *A Liège, chez Jacques Le Noir*, 1683, in-8, fig. parch. ant. à recouvrement.

La « réponse » d'Antoine Arnauld se trouve dans cette édition.

36. L'Ultramontanisme, ou l'Église romaine et la

société moderne, par M. E. Quinet. *Paris,* 1844, in-8, demi-cart. percal. éb.

---

37. Abrégé de l'origine de tous les cultes, par Dupuis. *Paris, L. Tenré,* 1821, in-8 cart. n. rog.

38. Les Divinités égyptiennes, leur origine, leur culte et son expansion dans le monde, par Ollivier Beauregard. *Paris,* 1866, in-8 br. *A Lacroix Verboeckoven*)

39. Croyances et légendes de l'antiquité, essais de critique appliquée à quelques points d'histoire et de mythologie, par L.-F.-Alfred Maury. *Paris, Didier,* 1863, in-8 br.

40. Dictionnaire des Athées anciens et modernes, par Sylvain M... L. (*Sylvain Maréchal, aidé de feu M. Jérôme de Lalande*). *A Paris, chez Grabit, an VIII,* in-8 papier vél. — Notice sur Sylvain Maréchal, avec des suppléments pour le Dictionnaire des athées, par Jérôme de Lalande, S. *l. n. d.* Ensemb. 2 ouvr. en un vol. in-8, mar. rou. comp. à froid et filets or sur les plats, tr. dor. (*Thouvenin.*)

41. Traité des trois imposteurs. *S. l.* 1777, in-12, demi-rel. v. f. tr. marb.

42. La Papesse Jeanne, étude historique et littéraire, par Gustave Brunet. *Paris, J. Gay,* 1862, in-12, demi-rel. mar. rou. jans. doré en tête, n. rog. (*Brany*)

43. Histoire générale des Églises évangéliques des vallées du Piémont ou Vaudoises, divisée en deux livres par Jean Léger, pasteur. *A Leyde, chez Jean Le Carpentier,* 1669, 2 part. en un vol. in-fol. figures vélin blanc cordé de Hollande.
Bel exemplaire.

44. Mémoires d'un Protestant condamné aux galères
de France pour cause de religion, réimprimés d'a-
près le journal original de Jean Marteilhe, de
Bergerac, publié à Rotterdam en 1757, avec 4
gravures par M. S. Morel-Fatio. *Paris, Michel
Lévy frères*, 1865. — Le Protestantisme libéral,
par M. le pasteur Th. Bost. *Paris, Germer Baillière*, 1865. Ensemb. 2 vol. in-12 br.

45. Taxes des parties casuelles de la boutique du
pape, rédigées par Jean XXII et publiées par
Léon X, pour l'absolution (argent comptant) de
toutes espèces de crimes ; avec la fleur des cas
de conscience décidés par les Jésuites, un grand
nombre d'anecdotes et de pièces accessoires et le
texte latin des taxes. *Paris, Brissot-Thivars*, 1821,
in-8 demi-rel. veau fauv. tr. marb. (*Closs*)

<small>Édition publiée par Jules Garinet et J.-A.-S. Collin de Plancy, sous le
pseudonyme de Julien de Saint-Acheul.</small>

46. L'Apocalypse de Méliton, ou Révélation des
mystères cénobitiques, par Méliton. *A Saint-Léger, chez Noel et Jaq. Chartier*, 1665, in-12, frontispice gravé, mar. viol. dos orné, comp. dent.
int. tr. dor. (*Bauzonnet.*)

47. L'Alcoran des Cordeliers... Nouvelle édition
ornée des figures de B. Picart. *Amsterdam*, 1734,
2 vol. in-12, fig. v. fauv. dos orné, fil. int. sur les
plats, dorés en tête n. rog. (*E. Niedrée.*)

48. Gros-Jean et son curé, dialogue sur l'Église
(par M. Aug. Roussel). *Bruxelles, A. Lacroix-
Verboeckhoven*, 1864, in-16, mar. la Vall. fil.
init. sur les plats, dos orné, dent. int. tr. dor.
(*Brany.*)

JURISPRUDENCE

49. OEuvres de M. le chancelier d'Aguesseau (publiées par l'abbé André, son bibliothécaire). *Paris,* 1759-1789, 13 vol. in-4, portrait gravé par J. Daullé, mar. bleu, dos orné, fil. tr. dor. armoiries royales sur les plats (*Anc. rel.*)

50. Les Covstvmes dv dvché et bailliage de Chartres, Pays chartrain, Perche Gouet, baronnies et chastellenies d'Alluye, Brou, Mommiral, Autun, et la Bazoche Gouet dites les cinq baronnies avec les notes et apostyles de M. J. Covart. *A Paris, chez Denys Moreav,* 1630, in-8, parch. à recouv.

51. Ordonnance de Louis XIV, roi de France et de Navarre, sur le fait des eaux et forêts. *A Paris, par la Compagnie des libraires associés,* 1765, in-16, v. ant. marbr.

52. Traité des fiefs de Moulin, analysé et conféré avec les autres feudistes, par M. Henrion de Pansey, avocat au Parlement. *Paris, Valade,* 1773, in-4, v. antiq. marbr.

53. La Pratique universelle pour la rénovation des terriers et des droits seigneuriaux, contenant les questions les plus importantes sur cette matière, et leurs décisions, tant pour les pays coutumiers que ceux régis par le droit écrit..., par M. Edme de la Poix de Fréminville. *Paris,* 1762, 5 vol. in-4, v. antiq. marbr.

54. Sentence de l'Official d'Amiens, donnée sur la

nullité du mariage de Mme la duchesse de Beaufort avec M. Damerval de Liancourt. *S. l. n. d.*, plaq., in-4 de 47 pages, demi-cart. toile, brun, non rog.

55. Maximes générales sur les droits domaniaux et seigneuriaux (par de Cabanel, ancien fermier des domaines du roy). *A Paris, chez Pierre Prault*, 1755, in-12, mar. rouge, jans. tr. dor. (*Reliure ancienne.*)

56. Traité des droits seigneuriaux et des matières féodales, par M. de Boutaric. *Toulouse*, 1745, in-8, bas.

57. Le Code noir, ou Recueil des règlemens rendus jusqu'à présent concernant le gouvernement, l'administration de la justice, la police, la discipline et le commerce des nègres dans les colonies françoises. *Paris, chez Prault*, 1767, in-16, v. ant.

58. Traité de la Mainmorte et des retraits, par M. F.-J. Dunod. *A Paris, chez la veuve Dupuis*, 1760, in-4, v. marbr.

59. Sylvæ nuptialis libri sex, authore J. Nerizano (jurisconsulte italien). *Lugduni, apud Ant. de Marsy*, 1572, in-12, v. antiq. marbr.
Ouvrage bizarre, d'une érudition facétieuse.
Mouillures.

60. De Virginitate, virginum statu et jure tractatus jucundus... per Henricum Kornmannum. *Coloniæ*, 1765, in-12, v. fauve, fil. tr. marbr. (*Lardière.*)

61. Traité de la dissolution de mariage par l'impuissance et froideur de l'homme ou de la femme (*par Antoine Hotman*). *Paris, Mamert Patisson*, 1595, in-8, veau ant.
Cette seconde édition de ce traité d'Antoine Hotman, avocat en Parlement de Paris, est aussi rare que la première publiée en 1581. On prétend qu'il

l'a composé pour la défense d'Étienne de Bray, dont la femme, Marie de Corbia, avait intenté à ce dernier un procès pour cause d'impuissance. Étienne Pasquier dit que cet écrit d'Hotman contient des propositions si dangereuses qu'il fut censuré par les théologiens et supprimé.

Cette seconde édition est augmentée d'une deuxième partie que n'a point la première.

62. Recueil des lois, décrets et ordonnances, avis du conseil d'État, arrêtés et règlements concernant les Israélites depuis la révolution de 1789, suivi d'un appendice contenant la discussion dans les Assemblées législatives (etc.), par Achille-Edmond Halphen. *Paris, aux bureaux des Archives israélites*, 1851, in-8, br.

63. Question de littérature légale. — Du Plagiat, de la supposition d'auteurs, des supercheries qui ont rapport aux livres, par Ch. Nodier. *Paris, Crapelet*, 1828, in-8, demi-rel. avec coins mar. bleu, dor. en tête, n. rog. (*Allô.*)

64. Traité de la législation des bâtiments et constructions, par M. Frémy-Ligneville. *Paris, Carilian-Goeury*, 1848, 2 vol. in-8, demi-rel. v. f. tr. marbr.

65. Législation française des chemins de fer, par M. Cotelle. *Paris, Dunod*, 1864, in-8, demi-rel. mar. vert, tr. jasp.

66. Praxis rervm criminalium elegantissimis iconinibus ad materiam accommodis illustrata... authore clariss. viro D. Jodoco Damhouderio... *Antuerpiæ*, 1554, in-4, figures sur bois, parch. vert.

67. Praxis rerum criminalium elegantissimis iconibus ad materiam accommodis illustrata, prætoribus, proprætoribus, consulibus... authore clariss. viro D. Jodoco Damhouderio. *Antuerpiæ, excudebat Joannes Latius*, 1556, in-8, lettres ornées et figures v. antiq. fil.

Mouillures.

68. Les Moyens d'adoucir la rigueur des lois pé-

nales en France sans nuire à la sûreté publique,
ou Discours couronnés par l'Académie de Châlons-
sur-Marne en 1780 (composés par J.-P. Brissot
de Warville et J.-E.-Ad.-Bernardi), suivi du discours qui a obtenu l'accessit. *A Châlons*, 1781,
in-8, mar. rouge, fil. tr. dor. (*Rel. anc.*)

69. Barreau français, collection des chefs-d'œuvre
de l'éloquence judiciaire en France, recueillie
par M. Clair et Clapier, avocats. *Paris, L. Panckoucke*, 1823-1824. Ens. 17 vol. in-8, cart. non
rog.

Première série, 10 vol. — Deuxième série, 6 vol. — Barreau français,
Annales de l'éloquence judiciaire en France, par MM. Ayliès et Clair,
année 1285. *Paris, Panckoucke*, 1826, in-8, demi cart. percal.

70. Norbert Billiart. — Le Monde judiciaire, revue
mensuelle, portraits et notes d'audience, justice
des petits abus. *Paris, E. Dentu*, 1862-1863,
4 vol. in-12, demi-cart. perc. ébarbé.

71. Barreau anglais, ou choix de Plaidoyers des
avocats anglais, traduits par M. Clair et Clapier.
Paris, Panckoucke, 1824, 3 vol. in-8, demi-cart.
percal. n. rog.

72. Essai sur l'histoire générale des tribunaux des
peuples tant anciens que modernes, ou Dictionnaire historique et judiciaire contenant les anecdotes piquantes et les jugements fameux des tribunaux de tous les temps et de toutes les nations,
par M. Des Essarts, avocat. *Paris,* 1778, 1784,
2 vol. in-8, v. antiq. marbr.

73. Journal des principales audiences du Parlement
avec les arrêts qui ont été rendus et plusieurs
questions et règlemens placés selon l'ordre des
temps depuis l'année 1622 jusqu'en 1722, par
Jean Dufresne, avocat au Parlement. *Paris, les
libraires associés*, 1757, 7 vol. in-fol. v. ant.
marbr.

74. Causes célèbres et intéressantes avec les jugemens qui les ont suivies ; nouvelle édition, revue,
corrigée et augmentée (recueillies par Fr.
Gayot de Pétaval, avocat au Parlement). *Paris,
chez Desprez,* 1739-1750, 20 vol. in-12, v. antiq. marbr.

75. Causes amusantes et connues (recueillies par
Robert Estienne). *Berlin (Paris), chez les frères
Estienne,* 1769-70, 2 tomes en 1 vol. in-12, cart.

76. Causes célèbres, curieuses et intéressantes,
de toutes les cours souveraines du royaume,
avec les jugemens qui les ont décidées (publiées
par M. Des Essarts). *Paris,* 1773-1774, 16 tomes
en 9 vol. in-12, plus 1 vol. de table alphabétique
et raisonnée. Ens. 10 vol. in-12, v. marbr.

77. Causes célèbres, curieuses et intéressantes, de
toutes les cours souveraines du royaume; avec
les jugemens qui les ont décidées. *Paris,* 1775-
1790, 180 tomes en 60 vol. in-12, v. antiq. tr.
marbr.

78. Petites Causes célèbres, par Frédéric Thomas.
Paris, Gustave Havard, 1855-57, 9 vol. in-16,
demi-rel. v. fauv. tr. marbr.

79. Les Époux malheureux, ou Histoire de M. et
de Mme de la Bédoyère, écrite par un ami
(*François-Thomas-Marie d'Arnaud de Baculard*).
La Haye, 1761. 4 parties en un vol. in-12. V. ant.
marbr.

Les 2 dernières parties contiennent le plaidoyer de l'avocat Huchet de
la Bédoyère, et autres pièces du procès.

80. Recueil général des pièces touchant l'affaire
des princes légitimes et légitimez. *A Roterdam,*
1717, 4 vol. in-12, v. fauve, antiq. dos orné, tr.
rouge.

81. Mémoires pour le sieur de la Bourdonnais,

avec les pièces justificatives (par Pierre de Gennes). *Paris, de l'imprimerie de Delaguette,* 1750,
in-4, v. ant. marbr.

82. Mémoires et consultations pour M. le duc d'Ai-
guillon. *A Paris, chez Boudet,* 1770, in-12, v. gr.
fil.

83. Mémoires et plaidoyers de M. Linguet, avocat
à Paris. *Amsterdam, chez Simon Joly,* 1773, 7 vol.
in-12, v. antiq. marbr.

84. Procès du prince Woronzow contre le prince
Pierre Dolgoronkow et le Courrier du dimanche.
Paris, Poulet-Malassis, 1862, in-8, br.

85. Documents sur l'affaire Libri, 2 vol. in-8, demi-
rel. mar. vert et cart.

Réponse de M. Libri au rapport de M. Boucly, 1848. — Lettre à M. de
Falloux, ministre, contenant le récit d'une odieuse persécution par G.
Libri, 1849. — Lettre à M. Libri par J. Naudet, 1849. — Lettre à M.
Naudet en réponse à quelques passages de sa lettre à M. Libri, par A.-C.
Cretaine, libraire, 1849. — Acte d'accusation contre Libri-Carucci, 1850.
— Lettre de M. Libri à M. Barthélemy-Saint-Hilaire, administrateur du
Collège de France, 1850. — Lettre de M. Libri à M. le ministre de la justice
à Paris, 1850.

86. Procès du prince Pierre-Napoléon Bonaparte
devant la haute Cour de justice, séant à Tours,
les 21, 22, 23, 24, 25, 26 et 27 mars 1870, seul
compte-rendu complet, sténographié par M. G.
Lemarchand. *Tours, Mazereau,* 1870, in-8, br.

87. Les Condamnées de Saint-Lazare, mémoires par
Mme ***, publiés par Mme Pauline de Grandpré.
Paris, F. Curot, 1869, in-8, demi-cart. percal.
tête jasp. non rog.

88. Procès relatif à la salle du Théâtre-Français,
1818, in-4, v. rac. dent. tr. dor.

1. Mémoire pour S. A. S. Mgr le duc d'Orléans, demandeur, contre le
sieur Julien, défendeur. — 2. Apanage de la maison d'Orléans. *Paris,* 1762.
— 3. Arrêt du conseil d'État qui ordonne l'exécution de l'arrêt du Parlement du 3 septembre 1766, etc. — 4. Lettres patentes du Roi qui permet-
tent à M. le duc de Chartres d'acenser les terrains et bâtiments qui sont
au pourtour du jardin du Palais-Royal, 1788. — 5. Ordonnance du Roi,

concernant la restitution des biens appartenant à Mgr le duc d'Orléans et la remise des titres, plans, papiers, etc., 1818. — 6. Discussion sur les apanages pour S: A. S. Mgr le duc d'Orléans contre le sieur Julien. — 7. Plans relatifs au Palais-Royal et discussion des questions qu'ils ont fait naître au procès, etc. — 8. Mémoire à consulter et consultation pour le sieur Julien, propriétaire de la salle du Théâtre-Français, contre S. A. S. Mgr le duc d'Orléans. — 9. Mémoire et consultation pour S. A. S. Mgr le duc d'Orléans contre le sieur Julien.

89. G. Pelin. Les Mystères de la procédure, physiologie du Palais de Justice et du tribunal de commerce, 1866. — Le Barreau de Paris, études politiques et littéraires, par Maurice Joly, 1863. — Dernier Quartier des vieilles lunes d'un avocat, par Frédéric Thomas, 1869. — Variétés de coquins, par L.-M. Moreau-Christophe, 1865. Ens. 4 vol. in-12, br.

90. Sept Générations d'exécuteurs (1688-1847). Mémoires des Sanson, mis en ordre, rédigés et publiés par H. Sanson, ancien exécuteur des hautes œuvres de la cour de Paris. *Paris, Dupré de la Mahérie*, 1862, 6 vol. in-8, br.

91. Histoire de la vie et du procès du fameux Louis-Dominique Cartouche et de plusieurs de ses complices. *S. l.*, 1723, in-12, cart.

92. Vie de Desrues, exécuté à Paris, en place de Grève le 6 mai 1777 (*par Fr.-Th.-Mar. de Baculard d'Arnaud*). *Paris, chez tous les libraires*, 1777, in-12, de 35 pages cart.

93. Lacenaire, ses crimes, son procès et sa mort, suivis de ses poésies et chansons et des documents authentiques et inédits recueillis par Victor Cochinat. *Paris, J. Laisné*, 1857, in-12, demi-rel. v. f. tr. marbr. — Vidocq, vie et aventures, par Barthélemy Maurice. *Paris, J. Laisné*, 1858, in-12, portrait, demi-rel. v. fauve, tr. marbr. — Procès de M. le vicomte de Noé contre M. de Villemessant et consorts. *Paris*, 1863, in-12, demi-rel. v. f. tr. jasp. — Procès

de Beauvallon. Duel suivi de mort. Accusation
d'homicide volontaire sur la personne de M. Du-
jarrier. *Paris*, 1846, in-12, v. fauve, dos orné,
fil. chiffre sur les plats, tr. dor. Ens. 4 vol.

94. Histoire de Charles Price, fameux escroc de
Londres, connu sous différens noms, traduite de
l'anglois sur la sixième édition. *A Londres, et se
trouve à Paris, chez Volland*, 1787, 2 vol. in-12,
demi-rel. veau fauve, tr. jasp.

SCIENCES ET ARTS DIVERS

95. Histoire comparée des systèmes de philosophie,
considérés relativement aux principes des connaissances humaines. — Deuxième partie : Histoire de la philosophie moderne à partir de la
renaissance des lettres jusqu'à la fin du xviiiᵉ
siècle, par J.-M. de Gérando. *Paris, Ladrange*,
1847, 4 vol. in-8, demi-rel. v. f. tr. jasp.

96. Entretiens de Cicéron sur la nature des dieux,
traduits par M. l'abbé d'Olivet avec des remarques
de M. le président Bouhier. *A Paris, chez Gan-
douin*, 1732, 2 vol. in-12, v. fauve, antiq. fil.

97. Pensées de Cicéron, traduites pour servir à
l'éducation de la jeunesse, par M. l'abbé d'Olivet.
A Paris, chez Barbou, 1787, in-12, veau ant.

98. Les OEuvres de Sénèque le philosophe, traduites
en françois par feu M. La Grange, avec des notes

de critique, d'histoire et de littérature. *A Paris,
chez les Fr. de Bure*, 1778, 7 vol. in-12, mar.
rouge, dos orné, fil. tr. dor. (*Rel. anc.*)

99. Averroès et l'averroïsme, essai historique, par
Ern. Renan. *Paris, Aug. Durand*, 1852, in-8,
demi-rel. chagr. rouge, tr. peign.

100. Les Moralistes orientaux, pensées, maximes,
sentences et proverbes, etc., recueillis et mis en
ordre alphabétique, par A. Morel. *Bruxelles, s. d.,*
in-12, demi-rel. mar. vert clair, dos orné, fil.
dor. en tête, éb. (*Thivet.*)

101. Les Essais de Michel seigneur de Montaigne,
édition nouvelle, enrichie d'annotations en marges.
Paris, Ch. Sevestre, 1611, in-8, titre gravé et le
portrait de Montaigne gravé par Thomas de Leu,
parch. antiq.

102. Response aux iniures et railleries escrites
contre Michel seigneur de Montagne, dans un
livre intitulé la Logique ou l'Art de penser.....
avec un traité de l'éducation des enfants et cinq
cens excellens passages tirez du livre des Essais
pour montrer le mérite de cet auteur. *Paris,*
1668, in-12, v. marbr.

103. La Logique, ou l'Art de penser, contenant
outre les règles communes plusieurs observations
nouvelles propres à former le jugement (par Ant.
Arnaud et P. Nicolle, avec un avis de l'éditeur).
Paris, E.-F. Savoie, 1763, in-12, v. ant. tr. r.

104. Les Caractères de la Bruyère, suivis des Caractères de Théophraste, traduits du grec par
le même. *Paris, P. Didot l'aîné*, 1829, 2 vol.
in-16, br. papier vélin.

105. Les Caractères, ou les Mœurs de ce siècle, par
la Bruyère, suivis du discours à l'Académie et
de la traduction de Théophraste. *Paris, Belin-*

Leprieur, 1845, gr. in-8, avec nombr. gravures
et vignettes, demi-rel. avec coins chagr. v. viol.
tr. jasp.

106. OEuvres de Spinoza, traduites par Émile Sais-
set, avec une introduction du traducteur. *Paris,
Charpentier,* 1842, 2 vol. in-12, demi-rel. veau
fauv. tr. jasp.

107. Essai philosophique concernant l'esprit humain, par M. Locke, traduit de l'anglois par
M. Coste. *A Amsterdam, chez Pierre Mortier,*
1742, in-4, v. antiq. marbr.

108. Dictionnaire philosophique portatif, nouvelle
édition, revue, corrigée et augmentée de divers
articles par l'auteur (Voltaire). *A Londres,* 1765,
in-8, mar. brun, jans. dent. int. tr. dor. (*Thi-
baron.*)

Seconde édition. Exemplaire très-curieux, couvert à presque toutes les
pages de nombreuses notes de Jamet. Dans une de ces notes on apprend que
le livre a été imprimé à Nancy par J.-B. Hyacinthe Leclerc.
(Exemplaire de la vente Potier, mars 1870.)

109. Les Caractères, par Mme de *** (*Mme de Pui-
sieux*). *Londres,* 1750, in-12, veau ant.

110. Traité des sensations, à Madame la comtesse de
Vassé, par M. l'abbé de Condillac. *A Londres, et
se vend à Paris, chez De Bure l'aîné,* 1754, 2
parties en 1 vol. in-12, v. antiq. marbr.

111. Critiques du siècle, ou Lettres sur divers su-
jets, par l'auteur des Lettres juives (par J.-B. de
Boyet, marquis d'Argens). *La Haye, chez Pierre
Paupie,* 1755, 2 vol. in-12, v. antiq. marbr.

112. Recueil philosophique, ou Mélange de pièces
sur la religion et la morale, par différents auteurs (publié par J.-A. Naigeon). *Londres,* 1770,
2 tomes en 1 vol. in-12, mar. rouge, dos orné,
fil. tr. dor. (*Reliure ancienne.*)

Voir Barbier, nouvelle édition, tome IV°, col. 114.

113. Tableau philosophique de l'esprit de M. de Voltaire (par Sabbathier). *Genève, les frères Crammer,* 1771, in-8, cart.

114. Recueil de pièces. — Essai sur le caractère, les mœurs et l'esprit des femmes dans les différents siècles, par M. Thomas. *Paris, Moutard,* 1772, figures. — Lettre et réflexion sur la fureur du jeu, auxquelles on a joint une autre lettre morale, par M. Dusaulx. *Paris,* 1775. — Nouveaux Discours académiques (par l'abbé J.-Ant. La Serre). *Nîmes,* 1769. — Les Mœurs angloises, ou appréciation des mœurs et des principes qui caractérisent actuellement la nation britannique (traduits de l'anglois de John Brown, par P. Chais). *A la Haye, chez Pierre Gosse,* 1758. Ens. 4 ouvr. en 1 vol. in-8, v. marbr.

115. Pensées philosophiques, où l'on a joint le Vrai Philosophe. *A Londres,* 1773, in-16, demi-rel. mar. rouge, tr. peigne.

116. Théorie du paradoxe (*par l'abbé André Morellet*). *A Amsterdam,* 1775, in-12, veau ant.

117. Le Compère Mathieu, ou les Bigarrures de l'esprit humain (par l'abbé Henri-Jos. de Laurens). *Londres,* 1777, 3 vol. in-12, demi-rel. mar. viol. tr. marbr.

118. De la Passion du jeu depuis les temps anciens jusqu'à nos jours, par M. Dusaulx. *Paris,* 1779, in-8, v. marbr. — Le Grand Trictrac, ou méthode facile pour apprendre sans maître la marche, les termes, les règles et une grande partie des finesses de ce jeu, etc. *Paris,* 1766, in-8, figures, v. marbr. — Traité complet de la Roulette, de ses rapports avec les trente-quarante, etc., par G. Grégoire. *Paris, Passard,* 1861, gr. in-8, demi-rel. mar. viol. tr. marbr. — Les Tricheurs, scènes de jeu, par Alfr. de Caston. *Paris,*

E. Dentu, 1863, in-12, cart. — Ch. Virmaitre. Les Jeux et les Joueurs. *Paris,* 1872, in-12, br. Ens. 5 vol. in-8 et in-12, reliés et broch.

119. De la Morale naturelle (par J.-H. Maister). *S. l.* 1787, in-24, demi-rel. mar. brun, jans. tr. rouge.

120. Bréviaire des philosophes, contenant plusieurs morceaux curieux. *Rome,* 1792, in-12 de 108 pages, demi-rel. veau f. tête dor. non rog.

121. OEuvres complètes d'Helvétius, édition faite sur les manuscrits de l'auteur. *Paris, impr. de P. Didot l'aîné,* 1795, 14 vol. in-18, demi-rel. v. rouge, non rogné.
Exemplaire en GRAND PAPIER VÉLIN.

122. OEuvres philosophiques de La Mettrie, nouvelle édition, précédée de son éloge, par Frédéric II, roi de Prusse. *A Berlin, et se trouve à Paris, chez Charles Tutot,* 1796, 3 vol. in-8, cart. n. rog.
Exemplaire en PAPIER VÉLIN.

123. L'Art de connaître les hommes par la physionomie, par Gaspard Lavater ; nouvelle édition, corrigée et disposée dans un ordre plus méthodique, par M. Moreau, docteur en médecine, ornée de 500 gravures exécutées sous l'inspection de M. Vincent. *Paris,* 1806, 10 vol. gr. in-8, figures, demi-rel. v. fauve, dorés en tête, non rognés. (*Veuve Niedrée.*)

124. Maximes et réflexions sur divers sujets de morale et de politique, par M. de Levis. *A Paris, imprimerie P. Didot l'aîné,* 1810, in-16, cart. n. rog.

125. Essai philosophique sur la nature morale et intellectuelle de l'homme, par M. Spurzheim,

M. D. *Paris, chez Treuttel et Würtz*, 1820, demi-cart. percal. tr. jasp.

126. Pensées sur la liberté de philosopher en matière de foi, par Christ-Martin Wieland. *Paris, Ladrange,* 1844, in-8, demi-cart. perc. tête jasp. non rog.

127. Système des Contradictions économiques, ou Philosophie de la misère, par P.-J. Proudhon. *Paris, Guillaumin,* 1846, 2 vol. in-8, demi-rel. avec coins mar. bleu, tr. marbr. (*Closs.*)

128. Rapports du physique et du moral de l'homme, par P.-J.-G. Cabanis, nouvelle édition, contenant l'extrait raisonné de Destutt de Tracy, la table alphabétique et analytique de Sue, une note biographique sur Cabanis et un Essai sur les principes et les limites de la science des rapports du physique et du moral par le docteur Cerise. *Paris, Victor Masson,* 1855, 2 vol. in-12, br.

129. Jules Simon : — Le Devoir. — La Religion naturelle. *Paris, L. Hachette,* 1855-56. Ens. 2 vol. in-8, br.

130. Esquisses morales, pensées, réflexions et maximes, par Daniel Stern. *Paris, J. Techener,* 1856, in-12, demi-rel. mar. rouge, dor. en tête, non rog. (*Thivet.*)

131. Les Philosophes français du xixᵉ siècle, par H. Taine. *Paris, L. Hachette,* 1857, in-12, demi-rel. veau fauve, tr. marbr.

132. De la Justice dans la Révolution et dans l'Église, par P.-J.-Proudhon. *Paris, Garnier fr.,* 1858, 3 vol. in-12, parch. vert, initiales sur les plats, tr. peign.

133. La Création et ses Mystères dévoilés, ouvrage où l'on expose clairement la nature de tous les

êtres, les éléments dont ils sont composés, l'origine de l'Amérique et de ses habitants primi-
tifs (etc.), par A. Snider. *Paris, A. Franck*, 1858,
in-8, grav. br.

134. Analyse de l'entendement humain, par le docteur Félix Voisin, suivie d'un mémoire sur l'aboli-
tion de la peine de mort. *Paris, J.-B. Baillière*,
1858, gr. in-8, demi-rel. v. fauve, tr. marbr.

135. A. Peyrat : — Histoire et Religion. — Études
historiques et religieuses. — La Révolution et le
livre de M. Quinet. *Paris, Michel Lévy fr.*, 1858-
1866. Ens. 3 vol. in-12, demi-rel. mar. rouge,
doré en tête, éb.

136. La Vie éternelle passée, présente, future,
par P. Enfantin. *Paris, E. Dentu*, 1861, gr.
in-8, demi-rel. mar. vert, jans. tête dor. non
rog.

137. Statistique sociale. — De l'Équilibre et de ses
lois, par le docteur Clavel. *Paris, Poulet-Malassis*, 1861, in-12, br.

138. Edmond About. — Le Progrès. *Paris, L.
Hachette*, 1864, in-8, demi-rel. mar. la Vall.
dor. en tête, non rog. (*Thivet.*)

139. J. Michelet. — Bible de l'humanité. *Paris,
F. Chamerot*, 1864, in-12, br.

140. La Morale de l'Église et la Morale naturelle,
études critiques, par M. L. Boutteville. *Paris,
Michel Lévy frères*, 1866, in-8, br.

141. La Science au point de vue philosophique, par
E. Littré. *Paris, Didier*, 1873, in-12, br.

142. Fernand Papillon. — La Nature et la Vie, faits
et doctrines. *Paris, Didier*, 1874, in-8, br.

143. La Liberté de penser, revue philosophique et

littéraire. *Paris, Joubert*, 1848-1851, 8 vol in-8,
demi-rel. v. fauve, tr. jasp.

---

144. Essai sur les œuvres et la doctrine de Ma-
chiavel avec la traduction littérale du Prince, et
de quelques fragments historiques et littéraires,
par Paul Deltuf. *Paris, C. Reinwald*, 1867, in-8,
demi-rel. mar. vert, tr. jasp.

145. Depopulation arraigned, convicted and con-
demned, by the lawes of God and Man : a trea-
tise necessary in these times, by R. P. of Wells,
one of the Society of new Inne. *London, printed
by R. B.* 1636, in-12, parch. antiq.

146. Oscar Comettant. Les Civilisations inconnues.
Paris, Pagnerre, 1863, in-12, demi-rel. veau
fauv. tr. jasp.

147. Système financier de la France, par M. le marquis d'Audiffret. *Paris, P. Dufort*, 1840, 2 vol.
in-8, demi-cart. percal. tr. jasp.

148. Recepte générale des finances de Poitiers
pour l'année 1692. Charles Chambelain, receveur général. *S. l. n. d.* in-fol. parch.
Manuscrit du XVII° siècle sur parchemin.

149. L'Anti-financier, ou relevé de quelques-unes
des malversations dont se rendent journellement
coupables les fermiers généraux, et des vexa-
tions qu'ils commettent dans les provinces,
servant de réfutation d'un écrit intitulé : *Lettre
servant de réponse aux remontrances du Parlement de Bordeaux*, précédé d'nne épître au
Parlement de France, accompagné de notes historiques (*par Darigrana*). *Amsterdam*, 1763,
in-8, v. ant.

150. Particularités et observations sur les minis-

tres des finances de France les plus célèbres,
depuis 1660 jusqu'en 1791 (par A.-J.-B. Auget,
baron de Montyon). *Paris*, 1812, in-8, demi-
rel. v. viol. tr. jasp.

151. Théorie et application de l'impôt sur le capi-
tal, par Ménier. *Paris, E. Plon*, 1874, in-8, br.

152. De la Répartition des richesses ou de la justice distributive en économie sociale, par F.
Vidal. *Paris, Capelle*, 1846, in-8, veau fauv. fil.
init. sur les plats, dent. int. tr. dor. fil. (*A.
Closs.*)

153. Discours œconomique, non moins utile que
récréatif, montrant comme de cinq cens liures
pour une foys employées, l'on peut tirer par
an quatre mil cinq cens liures de proffict hon-
neste, qui est le moyen de faire profiter son argent, par M. Prudent le Choyselat, procureur du
roy à Sezanne. *A Rouen, chez Martin le Ménes-
trier*, 1612, in—12 de 45 pages, mar. vert, fil. tr.
dor. (*Rel. anc.*)

154. Manuel du capitaliste, ou tableaux en forme
de compte faits pour le calcul des intérêts de
l'argent à tous les taux, etc., par feu Bonnet.
Paris, 1843, in-8, demi-rel. v. f. — Manuel du
spéculateur à la Bourse, par P.-J. Proudhon. *Paris, Garnier fr.* 1857, in—12, cart. — Des Opé-
rations de Bourse, ou Manuel des fonds publics
français et étrangers, etc., par A. Courtois fils.
Paris, Guillaumin, 1855, in-12, cart. Ens. 3 vol.

155. La Maison réglée et l'art de diriger la maison d'un grand seigneur et autres, tant à la ville
qu'à la campagne (par Audiger). *A Paris, chez
Nicolas Le Gras*, 1700, in-12, v. antiq.
Exemplaire fatigué.

156. Discipline de Clergie : le Castoiement d'un
père à son fils, traduction en vers français de

l'ouvrage de Pierre Alphonse. *Paris, de l'impr. de Rignoux,* 1824, 2 parties en 1 vol. in-12, v. fauve, dos orné, fil. init. sur les plats, tr. dor. (*E. Niedrée.*)

Publication de la Société des Bibliophiles français.

157. La Civilité puérile et honnête pour l'instruction des enfants, dressée par un missionnaire. *A Paris, chez Fournier,* 1797, in-12, parch. ant.

Ouvrage imprimé en caractères dits *de Civilité.*

158. Les Lois de la galanterie (1644). *Paris, Aug. Aubry,* 1855, in-12 de 30 pages, demi-rel. mar. la Vall. doré en tête, éb.

De la collection du *Trésor des pièces rares ou inédites.*

---

159. L'Académie des sciences et les Académiciens de 1666 à 1793, par Joseph Bertrand. *Paris, J. Hetzel,* 1869, in-8, br.

160. La Clef de la science, ou les phénomènes de la nature expliqués par le docteur E.-C. Brewer. *Paris, J. Renouard,* 1854, in-12, demi-rel. mar. viol. tr. jasp. — Zoologie, par M. Milne Edwards. *Paris, Masson,* 1852, in-12, figures, demi-rel. v. f. tr. marbr. — Premiers Éléments de chimie, par M. V. Regnault. *Paris, Victor Masson,* 1850, in-12, figures, demi-rel. v. fauv. tr. jasp. Ens. 3 vol.

161. Nouvelles Expériences sur la vipère, où l'on verra une description exacte de toutes les parties, la source de son venin, les divers effets et les remèdes exquis que les artistes peuvent tirer du corps de cet animal, etc., par Moyse Charas. *A Paris, chez l'auteur,* 1672, in-8, figures, veau ant. gran.

162. Art de faire éclore et d'élever en toute saison des oiseaux domestiques de toutes espèces

soit par le moyen de la chaleur, etc., par M. de
Réaumur. *A Paris, de l'Imprimerie royale*, 1751,
2 vol. in-12, figures, v. antiq. marbr.

163. Les Roses, peintes par P.-J. Redouté, décrites
et classées selon leur ordre naturel, par C.-A.
Thory; troisième édition, publiée sous la direction de M. Pirolle. *Paris, P. Dufort*, 1828, 3 vol.
gr. in-8, papier vélin, fortes figures, demi-rel.
avec coins mar. rouge, fil. non rognés. (*Ottmann-
Dpulanil.*)

Édition faite avec beaucoup de soin et renfermant 180 planches en couleur.

164. Observations et documents tant nouveaux
qu'anciens relatifs aux forêts, par V.-A. Marulaz.
Paris, Albessard, 1863, in-8, br.

Envoi autographe de l'auteur à M. Tripier.

165. Hippocratis ac Galeni libri aliquot (latini), ex
recognitione Fr. Rabelæsii. *Apud Gryphium,
Lugd.*, 1532, in-16, v. antiq. comp. à froids, tr.
dor.

Cette édition, que recommande le nom de Rabelais, est peu commune.

166. La Métoposcopie de H. Cardan, médecin mi-
lanois, comprise en treize livres, et huit cens
figures de la face humaine à laquelle a esté
adjousté le traicté des marques naturelles du
corps, par Melampus, ancien autheur grec, le
tout traduit en françois, par le sieur C.-M. de
Laurendière, docteur en médecine. *A Paris, chez
Thomas Jolly*, 1658, in-fol. figures, demi-rel.
bas.

167. Traité élémentaire d'anatomie, ou description
succincte des organes et des éléments organiques
qui composent le corps humain, par A.-L.-J. Bayle.

Paris, Méquignon-Marvis, 1842, 2 vol. in-12, dont un d'atlas, composé de 112 planches en coul. demi-rel. avec coins, mar. bleu, tr. peign.

168. Anatomie des formes extérieures du corps humain à l'usage des peintres et sculpteurs, par le docteur J. Fau. *Paris, Méquignon-Marvis fils*, 1845, in-8, demi-rel. veau fauve, tran. jasp.

169. Origine et transformations de l'homme et des autres êtres, par P. Trémaux. *Paris, L. Hachette*, 1865, in-12, br. — De la Vie et de l'Intelligence, par P. Flourens. *Paris, Garnier fr.* 1858, in-12, demi-rel. v. f. tr. marbr. — Recherches physiologiques sur la vie et la mort, par F.-X. Bichat, précédée d'une notice sur la vie et les travaux de Bichat, par le docteur Cerise. *Paris, Masson*, 1852, in-12, vél. blanc, chiffr. sur les plats, tr. peign. — De la Longévité humaine et de la quantité de vie sur le globe, par P. Flourens. *Paris, Garnier fr.* 1855, in-12, demi-rel. v. f. tr. jasp. Ens. 4 vol.

170. La Génération de l'homme, ou tableau de l'amour, considéré dans l'état du mariage, par M. Nicolas Venette, docteur en médecine. Nouvelle édition, augmentée de remarques importantes, par M. F. P. D. E. M. (François Planque, docteur en médecine. *Londres (Paris)*, 1751, 2 vol. in-12, figures, v. fauve, antiq. fil. tr. dor.

Bel exemplaire en PAPIER DE HOLLANDE, recherché.

171. La Génération de l'homme, ou tableau de l'amour conjugal, considéré dans l'état du mariage, par M. Nicolas Venette, docteur en médecine. *Hambourg*, 1751, 2 vol. in-12, figures, demi-rel. v. f. n. rog.

172. Histoire de la génération de l'homme, précédée de l'étude comparative de cette fonction,

.dans les divisions principales du règne animal,
. par G. Grimaud de Caux et G.-J. Martin Saint-
Ange. *Paris, Masson,* 1847, in-4, planches, v.
fauve, fil. dent. int. tr. dor. (*A. Closs.*)

173. De l'Homme et de la Femme considérés phy-
siquement dans l'état du mariage, par M. de Li-
gnac; nouvelle édition, revue et augmentée par
l'auteur avec figures. *A Lille,* 1773. 3 vol. in-12,
br.

174. Discours sur l'impuissance de l'homme et de
la femme..... par Vincent Tagereau, Angevin,
revue et augmentée en ceste seconde édition. *A
Paris, chez la veuve Jean du Brayet et Nicolas
Rousset,* 1612, in-8, parch. antiq.

Exemplaire fortement mouillé et fatigué.

175. Les Remèdes charitables de Madame Fouquet
pour guérir à peu de frais toute sorte de maux
tant internes qu'externes, invétérez et qui ont
passé jusques à présent pour incurables. *A Lyon,
chez Jean Certe,* 1682, 2 parties en 1 vol, in-12,
v. antiq.

176. Traité pratique des maladies des voies uri-
naires et des organes générateurs, etc., par le
docteur E. Jozan. *Paris, J. Masson,* 1850, in-
12, figures int. dans le texte, demi-rel. v. fauv.
tr. peign.

177. L'Art de guérir les maladies vénériennes, ex-
pliqué par les principes de la nature et des mé-
chaniques, par Nicolas de Blégny, chirurgien du
roy. *Suivant la copie imprimée à Paris, à la
Haye, chez Pierre Hagen,* 1683, 2 tomes en 1 vol.
in-12, vélin antiq.

178. Reliquæ. — OEuvres posthumes du docteur
Charles Le Fèvre, précédées d'une notice sur sa
vie, par Jules Le Fèvre Deumier. *Paris, Le Nor-*

mant, 1851, in-8, v. fauve, dos orné, fil. et chiffre sur les plats, dent. int. tr. dor.

179. Les Lois de la vie, et l'Art de prolonger ses jours, par J. Rambosson. *Paris, Firmin-Didot,* 1871, in-8, br.

180. Étude médico-légale sur les attentats aux mœurs, par Ambr. Tardieu. *Paris, J.-B. Baillière,* 1862, in-8, planches. — De la Prostitution publique, par le docteur Jeannel. *Paris, Germer Baillière,* 1863, in-8. Ens. 2 ouvr. reliés en 1 vol. demi-rel. chagr. rouge, tr. jasp.

181. Précis d'hygiène privée et sociale, par A. Lacassagne. *Paris, G. Masson,* 1876, in-12, cart. — Eléments de zoologie médicale, par A. Moquin-Tandon. *Paris, J.-B. Baillière,* 1860, in-12, demi-rel. v. f. tr. marbr. — Des Fraudes dans l'accomplissement des fonctions génératrices, dangers et inconvénients, par Bergeret. *Paris, B. Baillière,* 1869, in-12, br. — Dermatologie, hygiène et thérapeutique des affections de la peau, par le docteur Courtillier. *Paris,* 1862, in-12, br. Ens. 4 vol.

182. Commentaires thérapeutiques du Codex medicamentarius, ou Histoire de l'action physiologique et des effets thérapeutiques des médicaments inscrits dans la pharmacopée française, par Adolphe Gubler. *Paris, J.-B. Baillière,* 1874, gr. in-8, cart.

183. De la Loi du contraste simultané des couleurs, et de l'assortiment des objets colorés considérés d'après cette loi dans ses rapports avec la peinture, les tapisseries de Beauvais et des Gobelins pour meubles, etc. *Paris, Pitois-Levrault,* 1839, in-8 de texte et atlas in-4 obl. contenant 40 plan-

ches, demi-rel. avec coins, mar. vert, **tr. marbr.**
Bel exemplaire d'un ouvrage rare et recherché.

---

184. Règle artificielle du temps, traité de la division naturelle et artificielle du temps, etc..... par
M. Henry Sully. *A Paris, chez Grégoire Dupuis,*
1737, in-12, planches, v. ant.

185. Annuaire publié par le Bureau de longitudes,
avec des notices scientifiques. *Paris, Bachelier,*
Gauthier-Villars, 1850 à 1875 et 1878. Ens. 26
vol. in-18 (les années 1851 à 1862, en demi-rel.
v. fauve, et les années suivantes brochées).

186. Dissertation sur le commencement du siècle
prochain et la solution du problème, sçavoir laquelle des deux années 1700 ou 1701 est la première du siècle. *Paris,* 1699. — Lettre critique de
M***. — Introduction à la chronologie pour fa-
ciliter la connaissance des temps, par M. Delais-
sement. — Nouvelle Dissertation sur le siècle
prochain, par M..... D. — La Querelle des auteurs sur le commencement du siècle prochain.
— La Question décidée sur le sujet de la fin du
siècle. *Paris,* 1699. Ens. 6 ouvrages en 1 vol.
in-12, cart. parch. vert, non rog.

187. La Géométrie pratique divisée en quatre livres,
ouvrage enrichi de cinq cens planches gravées
en taille-douce, dédié au Roy, par Allain Ma-
nesson-Mallet. *A Paris, chez Anisson,* 1702, 4 vol.
in-8, figures, v. antiq.

188. Notions générales sur les chemins de fer, par
Aug. Perdonnet. *Paris, Lacroix-Baudry. S. d.,*
in-12, demi-rel. v. f. — Tribulations des voya-
geurs et des expéditeurs en chemins de fer. *Paris,*
Taride, 1858, in-12, demi-rel. mar. viòl.

189. A Terre et en l'air... Mémoires du Géant, par

Nadar, avec une introduction, par M. Babinet.
Paris, E. Dentu, 1864, in-12, demi–cart. percal.
ébarbé.

---

190. Dictionnaire raisonné universel des Arts et
Métiers, par M. l'abbé Jaubert. *A Paris, chez P.-
Fr. Didot jeune*, 1773, 5 vol. pet. in-8, mar.
rouge, dos orné, fil. tr. dor. (*Rel. anc.*)

La reliure est très-fraîche; les plats portent les armoiries de Mme la
COMTESSE D'ARTOIS, belle-sœur du roi Louis XVI.

191. De omnibus illiberalibus sive mechanicis Ar-
tibus, humani ingenii sagacitate atque industria
iam inde ab exordio nascentis mundi usque ad
nostram ætatem adinuentis, luculentus atque
succinctus liber : autore Hartmanno Schoppero.
Francofurti ad Mœnum, 1574, in-12, figures à
mi-pages, v. gran.

192. Éléments de Technologie, ou Description des
procédés des arts et de l'économie domestique,
pour préparer, façonner et finir les objets à l'u-
sage de l'homme, etc., corrigé et augmenté,
par L.-B. Francœur. *Paris, Louis Colas*, 1842,
in-8, 7 planches pliées, demi-rel. veau fauv. tr.
jasp.

193. Traité d'Équitation illustré, par le comte
d'Aure. *Paris, A. Leneveu*, 1847, gr. in-8, fig.
demi-rel. v. fauve, tr. jasp.

194. Dictionnaire d'hippiatrique et d'équitation,
ouvrage où se trouvent réunies toutes les connaissances hippiques, par F. Cardini. *Paris, Bou-
chard-Huzard*, 1848, 2 vol. gr. in-8, texte à
2 col. fig. demi-rel. chagr. la Vall. tr. jasp.

195. Le Parfait Cocher, ou l'Art d'entretenir et de
conduire un équipage à Paris et en campagne, avec
une instruction aux cochers sur les chevaux de

carrosse et une connaissance abrégée des principales maladies auxquelles les chevaux sont
sujets. *Paris, F.-G. Mérizot,* 1744, in-12, frontispice, v. marbr.

196. La Vénerie de Jacques du Fouilloux, précédée
de quelques notes biographiques et d'une notice
bibliographique (par Pressac). *Angers, Ch. Le-
bossé,* 1844, gr. in-8, fig. demi-cart. percal. éb.

197. Histoire d'un braconnier, ou Mémoire de la vie
de L. Labruyerre, auteur des Ruses du bracon-
nage. *A Paris, chez J. Techener,* 1844, in-8, de
88 pages, titre rouge et noir, v. fauve, dos orné,
fil. chiffre sur les plats, dent. int. tr. dor.

Publié aux frais et dépens de M. le baron J. Pichon, et tiré à très-petit
nombre.

198. Description méthodique du musée céramique
de la manufacture royale de porcelaine de Sèvres,
par MM. Brongniart et D. Riocreux. *Paris, A.
Leleux,* 1845, 1 vol. de texte et 1 vol. contenant
80 planches en partie coloriées. Ens. 2 vol. in-4,
demi-rel. mar. rouge, jans. doré en tête, non
rog.

199. A Guide to the knowledge of pottery, porce-
lain, and other objects of vertu comprising an illustrated catalogue of the Bernal collection of
works of arts, by Henry G. Bohn. *London,*
1857, in-12, figures en couleur, cart. anglais.

200. Sur le Vase hispano-moresque de l'Alhambra,
à propos d'un vase en porcelaine de Sèvres,
donné par le ministre du commerce à la ville de
Rouen, par André Pottier. *Rouen, imprimerie
d'Alfred Péron,* 1851, in-8, de 24 pages, demi-rel.
chagr. tr. jasp.

201. Essai sur l'Histoire abrégée de l'horlogerie,
par L. Perron. *Paris, Besançon,* 1834, in-8,
demi-rel. v. f. — Nouveau Manuel complet de

l'Horlogerie, etc., par M. D. Magnier. *Paris,
Roret,* 1850, in–16, figure, demi–rel. v. f. tr.
marbr. — Almanach artistique et historique des
horlogers, bijoutiers, opticiens, par Claudius
Saunier. *Paris,* 1859, in-16, demi-rel. v. viol.
Ensemble 3 vol.

202. Collection archéologique du prince Pierre
Soltykoff. Horlogerie. — Description et icono-
graphie des instruments horaires du xvi⁰ siècle,
précédée d'un abrégé historique de l'horlogerie
au moyen âge et pendant la Renaissance, etc., par
Pierre Dubois. *Paris, Victor Didron,* 1858, in-4,
planches, demi-rel. v. f. tr. marbr.

203. Traité d'Horlogerie pour les montres et les
pendules, contenant le calcul des nombres propres
à toutes sortes de mouvemens, la manière de
faire et de notter les carillons, de changer et de
corriger le mouvement de pendule, traduit de
l'anglois de M. Derham, avec figures. *Paris, Grégoire Dupuis,* 1731, in-12, v. antiq. marbre.

204. Nouveau Traité général, élémentaire, pratique
et théorique d'horlogerie pour les usages civils et
astronomiques, etc., développé par M. L. Moinet.
Paris, Dutertre, s. d., 2 vol. gr. in-8, 51 planch.
demi-rel. v. fauve, tr. marbr.

205. L'Art de conduire et de régler les pendules et
les montres à l'usage de ceux qui n'ont aucune
connoissance d'horlogerie, par M. Ferdinand Ber-
thoud. *A la Haye, chez Pierre Gosse junior,*
1761, in-16, br.

206. Bulletin de la Société française de photographie. *Paris, au siège de la Société française de
photographie,* 1855 à 1857, 3 vol. in-8, pl. et fig.
demi-rel. veau f. tr. marbr.

207. Nouveau Manuel complet du relieur, par M.

Séb. Lenormand. *Paris, Roret,* 1840, in-16, 4 planches pliées, v. bleu, fil. dent. int. initiales sur les plats, tr. dor. (*Closs.*)

208. Exposition de 1867. Délégation des ouvriers relieurs. *Paris,* 1868-75, 2 parties en 1 vol. in-12, demi-rel. mar. gren. dor. en tête, non rog. (*Thivet.*)

Première partie. — La reliure aux expositions de l'industrie (1798-1862).
Deuxième partie. — La reliure à l'exposition de 1867, études comparatives de la reliure ancienne et moderne.

209. La Maison des jeux académiques, contenant un recueil général de tous les jeux divertissans pour se réjouir et passer le temps agréablement (par le sieur de La Marinière.) *A Paris, chez Estienne Loyson,* 1668, in-12, v. gran.

210. Divertissemens innocens, contenant les règles du jeu des Échets, du Billard, de la Paume, du Palle-Mail, et du Trictrac. *A la Haye, chez Adr. Moetjens,* 1696, in-12, frontispice de Schoonebeeck, mar. rou. dos orné, fil. dent. int. tr. dor. (*Niedrée.*)

211. Encyclopédie des échecs, ou résumé comparatif en tableaux synoptiques des meilleurs ouvrages écrits sur ce jeu par les auteurs français et étrangers, tant anciens que modernes, mis à l'usage de toutes les nations par le langage universel des chiffres, par A. Alexandre. *Paris et Londres,* 1837, in-4, demi-rel. avec coins, v. bleu, tr. marbr.

212. Règles du jeu du Reversis. *A Amsterdam, et se trouve à Paris chez Fournier,* 1782, in-12 de 94 pages, demi-rel. veau fauv. tr. marb.

213. Robert-Houdin. — Les Tricheries des Grecs dévoilées, l'art de gagner à tous les jeux. *Paris, A. Bourdilliat,* 1861, in-8, figures dans le texte, demi-rel. veau fauv. tr. marb.

214. L'Ordre des Francs-maçons trahi et le secret
des Mopses révélé. *Amsterdam, les frères Van
Duren,* 1778, in-12, demi-rel. avec coins, veau
fauv. tête dor. non rog. (*V. Niedrée.*)

<small>Ouvrage attribué par Barbier à l'abbé Gabr.-Louis-Calabre Péreau.</small>

215. Supplément aux vrais jugemens sur la société
maçonne. En réfutation de l'intitulé : le Secret
des Francs-Maçons, avec un recueil de leurs
chansons, précédé de quelques pièces de poésie.
A Bruxelles, chez Pierre de Hondt, 1754, in-12,
cart.

216. Thuileur. — Des trente-trois degrés de l'écos-
sisme du rit ancien, dit *accepté...* (par J.-H.-Stan.
de l'Aulnaye). *Paris, Delaunay,* 1821, in-8 figures
cart. ébarbé.

———

217. Le Guide des Commissaires-priseurs et autres
officiers vendeurs de meubles, etc., par J. Bru-
nard. *Paris, chez Maillet Schmitz,* 1857, in-12,
demi-rel. mar. la Vall. tête dor. éb.

218. Le Bric-à-Brac, avec son catalogue raisonné,
par Fr. Grille. *Paris, chez Ledoyen,* 1853, 2 vol.
in-12, demi-rel. mar. bleu, tête dor. non rog.

219. Catalogue raisonné d'une collection considé-
rable de diverses curiosités en tous genres, contenues dans les cabinets de feu Monsieur Bonnier
de la Mosson, bailly et capitaine des chasses de
la Varenne des Thuilleries et ancien colonel du
régiment Dauphin, par E.-F. Gersaint. *Paris,
J. Barois,* 1744, in-12 frontispice gravé, v. mar.

BEAUX-ARTS

——

220. Dictionnaire des arts du dessin, la peinture, la sculpture, la gravure et l'architecture, par M. Boutard. *A Paris, chez Lenormant*, 1826, in-8, demi-rel. avec coins, v. fauv. tr. marb.

221. Vies des peintres, sculpteurs et architectes, par Giorgio Vasari, traduites par Léopold Leclanché, et commentées par Jeanron et Léopold Leclanché; 121 portraits dessinés par Jeanron et gravés sur acier par Wacquez et Bouquet. *Paris, Just Teissier*, 1841, 10 vol. in-8 v. fauv, init. sur les plats fil. dent. int. tr. dor. (*E. Niedrée.*)

222. La Renaissance des arts à la cour de France, études sur le seizième siècle, par le comte de Laborde. Tome Ier, Peinture. *Paris, Potier*, 1850, gr. in-8, demi-cart. perc. n. rog.
Un des 26 exemplaires sur PAPIER VERGÉ DE HOLLANDE.
Ouvrage tiré à très-petit nombre et qui n'a pas été terminé.

223. De l'Union des Arts et de l'Industrie, par M. le comte de Laborde. — Le Passé, l'Avenir. *Paris, Imprimerie impériale*, 1856, 2 vol. gr. in-8, papier vélin fort, demi-rel. mar. viol. fil. doré en tête, n. rog. (*Thivet.*)

224. Cabinet des singularitez d'architecture, peinture, sculpture et gravure, ou Introduction à la connoissance des plus beaux arts, figurés sous les tableaux, les statues et les estampes, par Florent Le Comte. *A Bruxelles, chez Lambert Marchant*, 1702, 3 vol. pet. in-12, frontispices gravés, v. fauv. dos orné, fil. init. sur les plats, tr. dor. (*Ve Niedrée.*)

225. Mémoires pour servir à l'histoire de l'Académie royale de peinture et de sculpture depuis 1648 jusqu'en 1664, publiés pour la première fois par M. Anatole de Montaiglon. *Paris, P. Jannet*, 1853, 2 vol. in-12, cart. percal. rouge, non rog.

226. Recueil de notices historiques lues dans les séances publiques de l'Académie royale des beaux-arts à l'Institut, par M. Quatremère de Quincy. *Paris, Adrien Leclerc*, 1834, in-8 demi-rel. v. bleu, tr. jasp.

227. Beauty, illustrated chiefly by an analys and classification of beauty in Woman, by Alexander Walker, illustrated by drawings from life by Henry Howard. *London, H.-G. Bohn*, 1846, in-8 cart. ang.

228. Théophile Gautier :—Portraits contemporains. Littérateurs, peintres, sculpteurs, artistes dramatiques, avec un portrait de Théophile Gautier. *Paris, Charpentier*, 1874, in-12, br.

229. Le Cabinet de l'amateur, par M. Eug. Piot. *Paris, librairie de Firmin-Didot frères*, 1863, in-4, figures dans le texte et hors texte, demi-rel. mar. la Vallière, tête dor. ébarb.

N° 1, mars 1862, au n° 24. — Études sur la céramique des **xv**° et **xvi**e siècles (376 pages).

---

230. GALERIE DU PALAIS-ROYAL, gravée d'après les tableaux des différentes écoles qui la composent : avec un abrégé de la vie des peintres et une description historique de chaque tableau, par M. l'abbé de Fontenai (Morel). *A Paris, chez Couché et J. Bouilliard, graveurs*, 1786-1808, 3 vol. in-fol. planches, demi-rel. mar. bleu, dos orné. plats, papier dent. non rogné.

Bel exemplaire; bonnes épreuves.

231. Galerie du musée Napoléon, publiée par Filhol, graveur, et rédigée par Lavallée. *A Paris, chez Filhol, de l'imprimerie de Gilli fils,* 1804-1815, 10 vol. gr. in-8, figures. — Galerie du Musée de France (tome XI°, continué par A. Jal). *Paris, Mme Vve Filhol,* 1828, 1 vol. figures. Ens. 11 vol. gr. in-8, figures, demi-rel. bas. rouge, dos orné, plats, papier dent. non rogné.

Exemplaire en papier vélin; les épreuves avec la lettre grise.

232. MONUMENTS FRANÇAIS inédits pour servir à l'histoire des arts depuis le vi° siècle jusqu'au commencement du xvii°. Choix de costumes civils et militaires, d'armes, armures, instruments de musique, meubles de toute espèce et de décorations intérieures et extérieures des maisons, dessinés, gravés et coloriés d'après les originaux par M. X. Willemain, classés chronologiquement et accompagnés d'un texte historique et descriptif, par André Pottier. *Paris, chez Mlle Willemain,* 1839, 2 vol. in-fol. planches, demi-rel. veau rouge, dos orné, tr. jasp.

Ouvrage curieux, rare et recherché.

233. Traité de peinture de Léonard de Vinci, précédé de la vie de l'auteur et du catalogue de ses ouvrages, avec des notes et observations, par P.-M. Gault de Saint-Germain, nouvelle édition, ornée de figures, d'après les originaux du Poussin et d'autres grands maîtres. *A Paris, chez Perlet, an XI-*1803, in-8, portr. et figures, bas. rac. dent. sur les plats, tr. jasp.

234. OEuvres des principes du dessin, dessinés et gravés par Léonard de Vinci. *S. l. n. d.,* in-fol. br. 42 planches gravées au trait.

235. Les Premiers Élémens de la peinture pratique, enrichis de figures de proportion mesurées sur l'antique, dessinées et gravées par J.-B. Corneille, peintre de l'Académie royale. *A Paris,*

chez Nicolas Langlois, 1684, in-12, parch.
ant.

236. Traité complet de la peinture, par M. Paillot
de Montabert. *Paris, J.-F. Delion,* 1829-1851,
9 vol. in-8, demi-rel. v. fauve, tr. jasp.

237. Lumière de la peinture et de la designature.
dans laquelle on démontre avec une facile manière à tirer toutes les parties du corps, par une
figure proposée avec la mesure : commencant de
la teste jusques aux mains, jambes, pieds, tant
des hommes que des femmes et enfans, mis en
lumière avec grande diligence et peine par Crispin de Pas avec des belles figures. *A Amsterdam,
by Johan Blaeu,* 1643, in-fol. planches gravées,
demi-rel. v. ant.

238. Invention novvelle et briève povr redvire en
perspecttiue, par le moien du quarré, toutes
sortes de plans, et corps, comme édifices, meubles (etc.), sans se servir d'autres points, soit
tiers, ou accidentaux, que de ceux qui peuvent
tōber dans le tableau, et sans autre dessein que
sur iceluy, avec peu de nombres, mesures et
transports et ce par quatre différentes manières,
composé par R. G. S. D. M. Angeuin (René Gautier, sieur de Maignannes). *A la Flèche, par
George Griveav,* 1648, in-fol., figures, parch. ant.
Carton à la page 97.

239. L'Art de peinture de C.-A. Du Fresnoy, traduit en français, enrichy de remarques, et augmenté d'un dialogue sur le coloris. *A Paris,
chez Nic. Langlois,* 1678, in-12, figures gravées,
v. antiq.

240. Le Moyen de devenir peintre en trois heures
et d'exécuter au pinceau les ouvrages des plus
grands maîtres, et sans avoir appris le dessin;
nouvelle édition, revue, corrigée et augmentée. *A*

Amsterdam, chez M. Magérus, 1772, in-12, frontisp. demi-rel. veau fauve, doré en tête, non rog.

241. Du Laocoon, ou des limites de la poésie et de la peinture, traduit de l'allemand de G.-E. Lessing, par Charles Vanderbourg. *A Paris, chez Antoine-Augustin Renouard, an X-*1802, in-8, demi-rel. v. fauve, tr. jasp.

242. Choix de notices sur des tableaux du Musée Napoléon, par M. E.-B. Eméric David, extrait du Musée français. *Paris*, 1812. — Discours historiques sur la peinture moderne (par le même). *Paris, J.-B. Sajou*, 1812. — Discours historique sur la gravure en taille-douce et sur la gravnre en bois (par le même). *Paris, H. Agasse*, 1808. Ens. 3 ouvrages reliés en 1 vol. in-8, demi-rel. avec coins, mar. vert, tr. peign.

243. Histoire des peintres de toutes les écoles, par Charles Blanc. *Paris, veuve Jules Renouard*, 1865, 7 vol. in-4, nombreux portraits et fig. demi-rel. mar. vert, plats toile, dos orn. tr. dor.

École française, 3 vol.; École hollandaise, 2 vol.; École flamande, 1 vol.; École anglaise, 1 vol.

244. Histoire de la vie et des ouvrages de Raphaël, ornée d'un portrait, par M. Quatremère de Quincy, troisième édition, revue et augmentée. *Paris, Firmin-Didot frères*, 1835, gr. in-8, cart.

245. Varie Pitture a fresco de' principali maestri Veneziani ora lo prima volta con le stampe publicate in Venezia. 1760, in-fol. 24 planches gravées, cart.

246. The Beauties of the court of King Charles the second; a series of portraits illustrating the diaries of pepys, Evelyn, Clarendon, and other contemporary writers, with memoirs biographical and critical by Mrs Jameson. *London, published*

for Henry Colburn, 1833, in-fol. portraits, mar. rouge, dos orné, dent. tr. dor. (*Reliure anglaise.*)

---

247. Recherches sur l'art statuaire, considéré chez les anciens et chez les modernes, ou mémoire sur cette question : Quelles ont été les causes de la perfection de la sculpture antique, et quels seraient les moyens d'y atteindre? (Par T.-B. Eméric David.) *Paris, veuve Nyon aîné, an XIII,* 1805, in-8. — Appendice à l'ouvrage intitulé Recherches sur l'art statuaire des Grecs, ou lettre de M. Giraud à M. Emeric David. *A Paris, chez l'auteur*, 2 ouvrages en 1 vol. in-8, demi-rel. v. br. tr. jasp.

---

248. Cours d'architecture, qui comprend les ordres de Vignole avec des commentaires, les figures et les descriptions de ses plus beaux bâtimens et de ceux de Michel-Ange, etc., et généralement tout ce qui regarde l'art de bastir, par le sieur C.-A. d'Aviler, architecte; nouvelle édition, enrichie de nouvelles planches, revue et augmentée par Pierre-Jean Mariette. *Paris, Ch.-Ant. Jombert*, 1760, in-4, planches, bas.

249. Livre nouveau, ou règles des cinq ordres d'architecture, par Jacq. Barozzio de Vignole, nouvellement revu, corrigé et augmenté, etc.; le tout enrichi de cartels, culs-de-lampe, paysages, figures et vignettes très-utiles aux élèves et à ceux qui veulent apprendre le dessin, etc. *A Paris, chez Petit, rue Petit-Pont*, 1767, in-fol. 116 planches, demi-rel. parch. vert.

250. Cours d'architecture, ou Traité de la décoration, distribution et construction des bâtiments, contenant les leçons données en 1750 et les an-

nées suivantes, par J.-F. Blondel, architecte. *Paris, chez Desaint,* 1771-73, 4 vol. in-8 de texte et 2 vol. in-8 de planches, cart. n. rog.

251. Histoire de l'art monumental dans l'antiquité et au moyen âge, suivie d'un traité de la peinture sur verre, par L. Batissier. *Paris, Furne,* 1845, gr. in-8, nombr. gravures interc. dans le texte, v. fauve, fil. initials sur les plats, fil. dent. int. tr. dor. (*A. Closs.*)

252. L'Architecture française, ou Recueil des plans, élévations, coupes et profils des églises, palais, hôtels et maisons particulières de Paris, et des châteaux et maisons de campagne ou de plaisance des environs, et de plusieurs autres endroits de France, bâtis nouvellement par les plus habiles architectes et levés et mesurés sur les lieux. *A Paris, chez J. Mariette,* 1727, 2 vol. in-fol. planches, bas.

Par Marot père et fils, publié par Mariette.
Recueil composé de 316 planches gravées.

253. Recueil des plans, profils et élévations de plusieurs palais, châteaux, églises, sépultures, grotes et hôtels, bâtis dans Paris et aux enuirons, auec beaucoup de magnificence, par les meilleurs architectes du royaume, desseinez, mesurés et grauez par Jean Marot, architecte parisien. *S. l. n. d.,* in-4, planches, demi-rel. veau fauve.

Recueil de 117 planches gravées.

254. PALAIS, CHATEAUX, HOTELS ET MAISONS DE FRANCE du xve au xviii° siècle, par Claude Sauvageot. *Paris, A. Morel,* 1867, 4 vol. in-fol. planches, mar. rou. jans. initiales sur les plats, dent. int. tr. dor. (*Belz-Niedrée.*)

Ouvrage comprenant environ 300 planches. Un texte historique et explicatif, illustré de bois, est joint à la monographie de chaque monument.

255. Bourg, château et jardins de Fontaine-Bleau, situez au Midi et à 14 lieues de Paris... Mis au

jour par N. de Fer. géographe de Monseigneur le Dauphin, 12 planches in-4, obl. n. rel. (*Epreuves anciennes*.)

256. MONOGRAPHIE DU PALAIS DE FONTAINEBLEAU, dessinée et gravée par M. Rodolphe Pfnor, accompagnée d'un texte historique et descriptif par M. Champollion-Figeac. *Paris, A. Morel*, 1863 (*imprimerie de J. Claye*), 2 vol. in-fol. planches, demi-rel. avec coins, mar. rouge, dor. en tête, n. rog.

150 planches sur Chine, dont 5 en chromolithographie.

257. Plan du pavillon de Labossière, 7 planches. — Plans des jardins de M. le maréchal duc de Biron, 2 planches. — Plan du jardin de madame la maréchale de Lautrec, 1 planche. — Maison de feu l'abbé Pajeau, 1 planche. — Parc de Berny, 1 planche. — Labyrinthe de Choisy, 1 planche. — Pavillon de madame la marquise de Pompadour à Fontainebleau, 1 planche. — Environs de Chantilly, 1 planche. — Château, parc et ville de Versailles, 1 planche, etc. *S. l. n. d.*, in-fol. obl. 24 planches. (*Epreuves anciennes*.)

258. Tombeau de François II et de Marguerite de Foix, par Michel Columb, 8 planches dessinées par E. de la Michellerie, et gravées sur acier par L. Normand, accompagnées d'un texte explicatif et de notices historiques sur François II et sur Anne de Bretagne. *Nantes, Forest*, 1841, br. in-4, 8 pages de texte et 8 planches sur Chine.

259. Monographie du château de Heidelberg, dessinée et gravée par Rodolphe Pfnor, accompagnée d'un texte historique et descriptif par Daniel Ramée. *Paris, A. Morel,* 1859, in-fol., texte et 24 planches gravées.

Ouvrage en feuille dans un carton.

260. Menuiserie de Boucher. In-fol. br.

13e cahier contenant 52 planches.

261. Traité des édifices, meubles, habits, machines et ustensiles des Chinois, gravés sur les originaux dessinés à la Chine, par M. Chambers, architecte anglais, compris une description de leurs temples, maisons, jardins, etc. *Paris, chez le sieur Le Rouge*, 1776, texte in-4° et 6 cahiers contenant 140 pl., in-fol. obl. parch. vert.

262. De la Manière de graver à l'eau-forte et au burin et de la gravure en manière noire, avec la façon de construire les presses modernes et d'imprimer en taille-douce, par Abraham Bosse, nouvelle édition enrichie de 19 pl. en taille-douce. *Paris, Ant. Jombert*, 1745, in-8, fig. v. antiq. marb.

263. Mémoires et journal de J.-G. Wille, graveur du roi, publiés d'après les manuscrits et autographes de la Bibliothèque impériale, par Georges Duplessis, avec une préface par Edmond et Jules de Goncourt. *Paris, Vᵉ Jules Renouard*, 1857, 2 vol. in-8, br.

264. Omnia Andreæ Alciati Emblemata... adjectæ ad calcem Notæ posteriores per Claud. Minoem. *Parisiis, apud Joannem Richerii*, 1589, in-8, fig. à mi-page, bas. antiq.

265. Quinti Horatii Flacci Emblemata, imaginibus in æs incisis, notis illustrata, studio Othonis Væni Batauolugdunensis. *Antwerpiæ, prostant apud Philippum Lisaert*, 1612, in-4, fig. bas. marb.

266. Habitus variarum orbis gentium. Habitz des Nations estrâges. 1581, in-fol. obl. mar. rouge, fil. dent. int. tr. dor. (*Capé*.)

Cette suite contient un titre gravé, un avis au lecteur, de Gaspard Rutz, en allemand ; une dédicace de J.-J. Boissard, son portrait et ceux des deux demoiselles Nicolle et Loyse, de Vienne, auxquelles J. Boissard a dédié ce livre; et 66 pl. de costumes.

Bel exemplaire, conforme à la description de Brunet.

267. Perelle. — Vues des plus belles maisons de France, etc., recueil de 280 pl. dessinées et gravées par les Perelle et Sylvestre, réunies en 2 vol. in-4, obl. demi-rel. bas.

Ce recueil contient des vues de Paris (Tuileries, le Louvre, le Palais-Royal, le Luxembourg); les places, portes, fontaines, églises et maisons de Paris; Vincennes, Saint-Cloud, Meudon, Saint-Ouen, Versailles, Saint-Germain, Fontainebleau, Chantilly, etc.

Épreuves anciennes ; un grand nombre sont AVANT LA LETTRE avec la légende ajoutée à la plume.

268. Recueil d'estampes historiques représentant les troubles de France de 1557 à 1597, d'après les recueils de Tortorel et Perissin. *S. l. n. d.*, in-fol. obl. mar. rouge, fil. dent. int. tr. dor. (*Petit-Simier.*)

76 planches gravées, le titre est manuscrit et à l'encre rouge dans un cartouche du XVIIIᵉ siècle.

Contrefaçon allemande.

On a ajouté une table manuscrite contenant la traduction de la légende des gravures.

269. Callot.— Capitano de' Baroni. *S. l. n. d.* 37 pl. remontées sur châssis et réunies en un vol. in-4, demi-rel. v. bleu. (*Lanne.*)

Tirage moderne.

270. Nouueau Liure de chiffres, qui contient en général tous les noms et surnoms entrelassez par alphabet; ouvrage utile et nécessaire aux peintres, sculpteurs, graveurs et autres ; inuenté et graué par Charles Mauelot, graueur ordinaire de S. A. R. Mademoiselle.*Se vendà Paris chez l'autheur*, 1680, in-4, titre gravé et 58 pl., v. gran.

271. Suite de 50 gravures de Gravelot, pour le Théâtre et la Henriade de Voltaire, reliées en un vol. in-4, v. éc. fil. tr. dor.

Belles épreuves.

272. Tableaux historiques de la Révolution française, ou analyse des principaux événemens qui ont eu lieu en France (par P.-A.-M. Miger), depuis la première assemblée des notables tenue à Ver-

sailles en 1787, contenant cent soixante sujets gravés à l'eau-forte et au burin, par les premiers artistes de Paris, ainsi que soixante-cinq portraits des hommes célèbres qui ont le plus marqué dans la Révolution, soit par leurs vertus, soit par leurs crimes; chacun de ces portraits est accompagné d'une notice historique et d'un camée, composé et gravé à l'eau-forte, par J. Duplessis-Bertaux. *Paris*, 1817, 2 vol. in-fol. fig. cart. n. rog.

273. La Revue comique à l'usage des gens sérieux, histoire morale, philosophique, politique, critique, littéraire et artistique de la semaine, texte par MM. A. Lireux, C. Caraguel, P. Vertot, E. de la Bédollière, Gérard de Nerval, etc., dessins par MM. Bertall, Nadard, Fabritzius, Otto Lorenz, Beguin, etc., novembre 1848—avril 1849. *Paris, Dumineray*, s. d. petit in-4, nombr. fig. demi-rel. bas. verte.

274. Assemblée nationale comique, par Auguste Lireux, illustrée par Cham. *Paris, Michel Lévy frères*, 1850, gr. in-8, nombr. gravures et vignettes sur bois ins. dans le texte, v. jasp. dos orné, fil. init. sur les plats, tr. marbr.

275. Gavarni. — Masques et visages. *Paris, librairie du Figaro*, 1868, gr. in-8, fort nombreuses vignettes, cart. perc. rouge, tr. dor., dos orné.

276. L'Arti per via, disegnate, intagliate, et offerte al grande et alto Nettuno Gigante sign. della Piazza di Bologna, da Giuseppe M. Mitelli. 1660, in-fol. titre et 40 pl. gravées, parch.

277. Alfabeto in sogno esemplare per disegnare, di Giuseppe M. Mitelli, pittore bolognese. 1683, in-fol. titre et 23 planches gravées, demi-rel. cuir de Russie, n. rog.

278. Proverbj figurati consecrati al Serenissimo
Principe Francesco Maria di Toscana da Giuseppe
Maria Mitelli, pittore bolognese, e da lui inven-
tati, disegnati et intagliati. 1678, in-fol. 48 pl.
cart.

279. Hogarth illustrated (to which are added anecdotes of the life of that satyrist, and of the time
in which he lived), by John Ireland. *London*,
1806, 3 vol. in-8, portraits et figures, demi-rel.
v. (*Reliure anglaise*).

280. Symptoms of being amused, by H. Alken. *London, published by Th. Lean*, 1822, in-4, obl. cart.
40 pl. en couleur.

BELLES-LETTRES

I. LINGUISTIQUE.

281. Vocabularius Ælii Anthonii Nebrissensis.....
Parisiis, 1528, in-8, car. goth. texte à 2 col.
vél. blanc. (*Bauzonnet.*)
Titre restauré. L'un des premiers dictionnaires latins-français.

282. Dictionnaire universel françois et latin, vul-
gairement appelé Dictionnaire de Trévoux, avec
des remarques d'érudition et de critique, nouvelle édition corrigée et considérablement augmentée (par l'abbé Brillant). *A Paris, par la
Cie des libraires associés*, 1771, 8 vol. in-fol. v.
fauve, ant.
Bel exemplaire.

283. Glossarium eroticum linguæ latinæ... edidit
P. P. (P. Pierrugues). *Parisiis*, 1826, in–8, demi-
rel. v. fauve, tr. marbr.

284. La Precellence du langage françois, par Henri
Estienne; nouvelle édition, accompagnée d'une
étude sur Henri Estienne et de notes philosophiques et littéraires, par Léon Feugère. *Paris,
Jules Delalain*, 1850, in-12, br.

285. Conformité du langage françois avec le grec,
par Henri Estienne ; nouvelle édition, accompagnée de notes et précédée d'un Essai sur la vie et
les ouvrages de cet auteur, par Léon Feugère.
Paris, Jules Delalain, 1853, in-12, br.

286. La Politesse de la langue françoise pour
parler purement et écrire nettement, par M. Fr.
(Jean Macé, connu en religion sous le nom de P.
Léon de Saint-Jean, carme), prédicateur et au-
mônier du Roi. *A Paris, chez Antoine Padeloup*,
1658, in-12, cart.

287. Des Mots à la mode et des nouvelles façons de
parler... (par F. de Callières). *A Amsterdam,
chez Arnoul et Reniers Leers*, 1692, in-12, bas.

288. Le Livre jaune, contenant quelques conversa-
tions sur les logomachies, c'est-à-dire sur les
disputes de mots..... (attribué à Cl. Gros de
Boze). *Bâle*, 1748, in-8, cart.
Ouvrage tiré à petit nombre.
Exemplaire sur PAPIER JONQUILLE.

289. Des Tropes, ou des différents sens dans les-
quels on peut prendre un même mot dans une
même langue, etc., par M. Du Marsais. *Paris,
David*, 1757, in-8, mar. rouge, dos orné, fil. tr.
dor.
Bel exemplaire aux armes de la COMTESSE D'ARTOIS.

290. Recherches sur les formes grammaticales de la

langue française et de ses dialectes au xiii⁰ siècle,
par Gustave Fallot, publiées par Paul Ackermann,
et précédées d'une notice sur l'auteur par M. B.
Guérard. *Paris, Impr. royale*, 1839, in-8, demi-
rel. v. f. non rog.

291. Récréations philologiques, ou Recueil de
notes pour servir à l'histoire des mots de la
langue française, par F. Génin. *Paris, Chamerot*,
1856, 2 vol. in-12, demi-rel. v. f. tr. jasp.

292. Les Épithètes de M. de La Porte, Parisien;
liure non-seulement vtile à ceux qui font pro-
fession de la poésie, mais fort propre aussi pour
illustrer toute autre composition françoise, avec
briefves annotations sur les noms et dictions dif-
ficiles. *A Lyon, par Pierre Ricavd*, 1602, in-16,
ba. marbr.

Mouillures.

293. Dictionnaire françois, par P. Richelet. *A Genève, chez Jean Herman Widerhold*, 1680, 2
tomes en 1 vol. in-4, texte à 2 col. v. gr. fil.

Bel exemplaire de cette édition rare et recherchée des curieux à cause
des traits satiriques dont elle abonde.
Le titre du tome II porte la date de 1679.

294. Dictionnaire de la langue françoise, ancienne
et moderne, de Pierre Richelet, augmenté de plusieurs additions d'histoire, de grammaire, de critique, de jurisprudence et d'un nouvel abrégé de
la vie des auteurs cité dans tout l'ouvrage (par
l'abbé C.-P. Goujet). *Imprimé à Lyon, et se vend
à Paris, chez Jacques Estienne*, 1728, 3 vol.
in-fol. v. ant.

295. Dictionnaire étymologique de la langue françoise, par M. Ménage, avec les Origines françoises
de M. de Cazeneuve, les additions du R. P.
Jacob....., etc. *A Paris, chez Briasson*, 1750,
2 vol. in-fol. v. marbr.

296. Dictionnaire néologique à l'usage des beaux
esprits du siècle (par l'abbé F.-F. Guyot des Fontaines) avec l'éloge historique de Pantalon-Phœbus
par un avocat de province (Jean-Jacques Bel).
Amsterdam, chez Arkstée et Merkus, 1756, in-12,
veau ant.

297. Dictionnaire comique, satyrique, critique,
burlesque, libre et proverbial, par P.-J. Leroux.
A Pampelune, 1786, 2 vol. in-8, v. f. dos orné,
fil. tr. r.

298. Dictionnaire national et anecdotique pour
servir à l'intelligence des mots dont notre langue
s'est enrichie depuis la Révolution, et à la nouvelle signification qu'ont reçue quelques anciens
mots, etc., 1790. — Nouveau Dictionnaire françois, à l'usage de toutes les municipalités, les
milices nationales et de tous les patriotes, etc.,
1790. — Petit Dictionnaire des grands hommes
et des grandes choses qui ont rapport à la Révolution, etc., 1790. Ens. 3 ouvr. en 1 vol. in-8,
demi-rel. bas.

299. Petit Dictionnaire ultra, précédé d'un Essai
sur l'origine, la langue et les œuvres des ultra,
par un royaliste constitutionnel (*R.-E. de Saint-
Maurice*). *Paris, Mongié,* 1823, in-12, bas.

300. Examen critique des dictionnaires de la
langue françoise, ou Recherches grammaticales
et littéraires sur l'orthographe, l'acception, la
définition et l'étymologie des mots, par Charles
Nodier. *Paris, Delangle frères,* 1829, in-8, br.

301. Dictionnaire national, ou Dictionnaire universel de la langue françoise, par M. Bescherelle
aîné. *Paris, Simon et Garnier frères,* 1851, 2 vol.
in-4, demi-rel. bas. verte.
Exemplaire fatigué.

302. Dictionnaire idéologique, recueil des mots,

des phrases, des idiotismes et des proverbes de la langue française, par T. Robertson. *Paris, Deroche,* 1859, in-8, demi-rel. mar. vert, tr. jasp.

303. Dictionnaire historique, étymologiqne et anecdotique de l'argot parisien, par Lorédan Larchey. *Paris, F. Pobo,* 1872, in-4, br. illustration de J. Feral et Ryckebusch.

304. Dictionnaire rouchi-français, par G.-A.-J. Hécart. *Valenciennes, chez Lemaitre,* 1834, in-8, demi-rel. veau fauv. tr. jasp.

305. Glossaire étymologique et comparatif du patois picard, ancien et moderne, précédé de recherches philologiques et littéraires sur ce dialecte, par l'abbé Jules Corblet. *Paris, Dumoulin,* 1851, in-8, demi-rel. veau fauv. tr. jasp.

306. Essai historique et philosophique sur les noms d'hommes, de peuples et de lieux, considérés principalement dans leurs rapports avec la civilisation, par Eusèbe Salverte. *Paris, Bossange,* 1824, 2 vol. in-8. demi-rel., mar. rouge, tr. peign.

307. Dictionnaire des expressions vicieuses usitées dans un grand nombre de départements et notamment dans la ci-devant province de Lorraine, etc., par J.-F. Michel. *Nancy,* 1807, in-8, demi-cart. perc. éb.

308. Charles Rozan. — Petites Ignorances de la conversation. *Paris, Lacroix-Comon,* 1856, in-12 cart. tête jasp. éb.

309. Traité de la Prosodie françoise, par M. l'abbé d'Olivet. *Paris, Barbou,* 1867. — Le Portefeuille du R. F. Gillet, ci-devant soi-disant Jésuite ; ou petit Dictionnaire dans lequel on n'a mis que des choses essentielles, etc. *Madrid,* 1767. — L'Aveu sincère, ou Lettre à une mère sur les dangers que

court la jeunesse en se livrant à un goût trop vif
pour la littérature. *Londres et Paris*, 1768. —
La Cacomonade, ouvrage posthume du docteur
Pangloss. *Londres et Paris*, 1767, ens. 4 pièces
reliées en 1 vol. in-12, v. antiq. marbr.

310. Principes d'éloquence pour la chaire et le
barreau, par le cardinal Maury, nouvelle édition
ornée d'un portrait. *A Paris, chez Théodore
Warée, an XII*, 1804, in-8, portr. demi-rel. bas.
tr. jasp.

311. Éloge d'Henrion de Pansey (1742-1829). —
Sigalon et ses ouvrages (exur. de la *Revue du Nord*
de 1837). — Notice biographique sur J.-B. Hu-
zard (1839). — Lettre de M. le lieutenant-général
baron Berthezène, pair de France, à MM. Germain
Sarrut et B. Saint-Edme, 1840. — Procès-verbal
de la rentrée de la Cour de cassation. Discours
de M. Dupin, procureur général, 1840. — Affaire
Gavard. La vente pure et simple d'un tableau
emporté, transmission du droit de gravure (extrait
des *Documents judiciaires*). — Chambre des Pairs.
Éloge funèbre de M. le comte Gilbert de Voisins,
pair de France, prononcé par M. Mérilhou. 1844.
— Chambre des Pairs. Éloge funèbre de M. le
général comte Compans, prononcé par M. le lieutenant-général baron Berthezène, 1847. — Le
dernier des maréchaux de Brissac, par M. N. de
La Porte, 1850. — Ens. 9 pièces reliées en 1 vol.
in-8 cart.

II. POÈTES.

312. Les OEuvres et les Jours d'Hésiode, traduction
nouvelle par Jules Chenu. *Paris, Imprimerie Panckoucke*, 1844, in-24 de 62 pages, br. papier de
Hollande.

313. Les Métamorphoses d'Ovide, traduction nouvelle, avec le texte latin, suivie d'une analyse, de
l'explication des fables, de notes géographiques,
historiques, mythologiques et critiques, par M.
G.-E. Villenave ; ornée de gravures d'après les
dessins de MM. Le Barbier, Monsiau et Moreau. *A
Paris, chez F. Gay et Ch. Guestard,* 4 vol. in-4,
papier vélin, fig. cart. n. rog.

Exemplaire en GRAND PAPIER. Très-bonnes épreuves.

314. L'Énéide de Virgile, traduction nouvelle par
M. de Pongerville, suivie des Bucoliques et des
Géorgiques, traduction nouvelle par M. Ferd.
Collet. *Paris, Lefevre,* 1843, in-12, v. fauve fil.,
init. sur les plats, tr. dor. (*E. Niedrée.*)

315. Traduction complète des poésies de Catulle,
suivie des poésies de Gallus et de la Veillée des
fêtes de Vénus ; avec des notes grammaticales,
critiques, littéraires et historiques, par François
Noel. *De l'Imprimerie de Crapelet à Paris,* 1803,
2 vol. in-8, fig. de Girodet, demi-rel. mar. bleu,
n. rog. (*Thouvenin.*)

316. Lucrèce.— De la Nature des choses, traduit par
La Grange. *A Paris, chez Bleuet, l'an IIIme de
la République,* 2 vol. gr. in-8, demi-rel. mar.
rou. jans. doré en tête. éb.

Exemplaire en PAPIER VÉLIN avec les figures AVANT LA LETTRE (*sauf
le frontispice*).

317. Collection des poètes françois, imprimés par
Coustelier. *Paris,* 1722-24, 10 vol. in-12, mar.
rou. fil. tr. dor. (*Bauzonnet-Trautz.*)

Contenant : OEuvres de Villon. — La Farce de Pathelin. 1723. — Poésies
de Martial d'Auvergne, 2 vol. — Légendes de P. Faifeu. — Poésies de G.
Cretin. — Poésies de G. Coquillart. — OEuvres de J. Marot. — OEuvres
de Racan, 3 vol.

318. La Vie au temps des trouvères, croyances,
usages et mœurs intimes des xi°, xii° et xiii° siècles,

d'après les lais, chroniques, dits et fabliaux, par Antony Méray. *Paris, A. Claudin,* 1873, in-8, br. papier de Hollande.

319. Des XXIII manières de Vilains (xiiiᵉ siècle). *A Paris, chez Sylvestre,* 1833 *(de l'imprimerie de Didot frères),* gr. in-8, demi-rel. avec coins, mar. rou. dos orné, fil. doré en tête, éb. (*Capé.*)

Tiré à petit nombre, un des dix exemplaires en GRAND PAPIER.

320. Blasons, poésies anciennes des xvᵉ et xviᵉ siècles, extraites de différents auteurs, imprimés et manuscrits par M. D.-M. M*** (Méon); nouvelle édition, augmentée d'un glossaire des mots hors d'usage. *Paris, Guillemot et Nicolle,* 1809, in-8, mar. bleu, fil. chiffre sur les plats, dent. int. tr. dor. (*Duru.*)

321. OEuvres de maistre François Villon, corrigées et augmentées d'après plusieurs manuscrits qui n'etoient pas connus, précédées d'un mémoire, accompagnées de variantes, par J.-H.-R. Prompsault. *Paris, Ebrard,* 1835, in-8, demi-rel. veau fauv. tr. marb.

322. Tableau historique et critique de la poésie française et du théâtre français au xviᵉ siècle, par C.-A. Sainte-Beuve. *Paris, Charpentier,* 1843, in-12, v. fauv. dos orné, fil. init. sur les plats, tr. dor. (*E. Niedrée.*)

323. Félix Devel. — Le Quatrain, son rôle dans l'histoire et dans les lettres, à la ville et au théâtre. *Paris, E. Dentu,* 1871, in-12, demi-rel. v. fauv. tr. jasp.

324. Le Plaisant Rêve du Dodéchedron de Fortune, non moins récréatif que subtil et ingénieux (composé par Jean de Meun et mis en lumière par François Gruget, Lyonnois), renouvelé et changé de sa première édition. *A Paris, par Nicolas Bon-*

fons, 1577, pet. in-8, cart. italique, v. antiq. marb. dos orné.

Exemplaire aux armes du DUC DE LA VALLIÈRE.

325. OEuvres de Mathurin Regnier. *Paris, Ménard et Desenne*, 1823, pet. in-12, portrait gravé par Boilly, v. fauve, fil. chiffre sur les plats, dent. int. tr. dor.

De la collection de la *Bibliothèque française*.

326. La Rome ridicule, caprice (par Marc-Antoine de Girard, sieur de Saint-Amant). *S. l. n. d.* in-4 de 53 pages, non rel.

327. Satires et œuvres diverses de M. Boileau-Despréaux, avec les passages des poètes latins, imités par l'auteur, et augmentées de plusieurs pièces qui n'ont point encore paru; avec les poésies du père Sanlecque. *A Amsterdam, aux dépens de la compagnie*, 1762, in-12, portraits, veau ant.

328. Contes et nouvelles en vers de la Fontaine. *A Amsterdam*, 1776, 2 tomes en 1 vol. in-8, vignettes gravées en tête de chaque conte, mar. viol. tr. verte.

Quelques vignettes sont coloriées.
Mouillures.

329. RECUEIL DES MEILLEURS CONTES ET NOUVELLES en vers, par la Fontaine, Voltaire, Vergier, Sénecé, Perrault, Moncrif, le P. Ducerceau, Grécourt, Saint-Lambert, Piron, Dorat, etc. *A Londres (Paris, Cazin)*, 1778, 4 vol. in-18, portrait de la Fontaine et nombreuses vignettes de Duplessis-Bertaux non signées, v. écail, fil. tr. dor. (*Dérome*).

Très bel exemplaire, hauteur 122 mill. 1/2.

330. Même ouvrage, même édition, tome III° seul, contenant les contes de Voltaire, Vergier, Sénecé, Perrault, Moncrif, etc., v. f. antiq. fil.

331. Poésies de Madame et de Mademoiselle Des-
houlières, nouvelle édition, augmentée dans cette
dernière édition d'une infinité de pièces qui ont
été trouvées chez ses amis. *A Paris, chez Villette,*
1732, 2 vol. in-8, v. antiq. marbr.

332. Les OEuvres du sieur Rousseau. *A Rotterdam,
chez Fritsch et Böhm,* 1712, 2 vol. in-12, frontispices gravés, v. fauve, antiq.

333. Satiriques du xviiiᵉ siècle (par Ch.-Jos. Colnet).
Paris, Colnet, 1800, 7 vol. in-8, cart.

334. Les Philippiques, odes, par La Grange-Chancel; avec des notes historiques, critiques et littéraires. *A Paris, l'an VI de la liberté,* 1795,
in-12, br.

335. Les Philippiques de la Grange-Chancel, précédées de mémoires pour servir à l'histoire de la
Grange-Chancel et de son temps, en partie écrits
par lui-même, avec des notes historiques et littéraires par M. de Lescure. *Paris, Poulet-Malassis,* 1858, in-12, br.

336. La Guerre civile de Genève, ou les Amours
de Robert Covelle, poème héroïque avec des
notes instructives (par Voltaire). *A Besançon,
chez Nicolas Guandrel,* 1768, in-16, figures, br.

337. Apologie de M. de Voltaire (par l'abbé Simon-
Joseph Pellegrin). *A Londres,* 1786, in-8, demi-
cart. perc. tr. jasp.

338. L'Abeille du Parnasse, ou Nouveau Recueil
de pensées, réflexions et maximes, portraits et
caractères tirés des poètes français, par M*** (par
Didier-Pierre Chicaneau de Neuville). *Londres,*
1757, 2 vol. in-12, br.

339. OEuvres choisies de Gresset, édition ornée de
figures en taille-douce, dessinées par Moreau le

jeune. *De l'imprimerie de Didot jeune, à Paris, chez Saugrain, l'an II*, in-16, figure, v. rac. dent. tr. dor.

340. Le Vice puni, ou Cartouche, poème héroïque, comique et tragique, en 13 chants, par M. Grandval, suivi de dictionnaires argot-français et français-argot. *Paris, veuve Demoraine et Bouquin, s. d.*, in-12, figures, demi-cart. percal. ébarbé.

341. OEuvres complettes de Grécourt. *A Luxembourg*, 1764, 4 vol. in-12, figures d'Eisen, v. vert, jasp.

342. Le Petit-Neveu de Grécourt, recueil nouveau de contes en vers, de chansons, d'épigrammes (par Pluchon, Peluchon ou Pelluchon-Destouches). *A Gibraltar, chez les Moines*, 1782, in-18, demi-cart. perc. tête, jasp. non rog.

343. Les Jardins, ou l'Art d'embellir les paysages, poème, par M. l'abbé Delille. *A Paris, de l'impr. de Franç.-Ambr. Didot l'aîné*, 1782, in-4, portrait, mar. bleu, dos orné, large dent. sur les plats et int. tr. dor. (*Bradel-Derome.*)

344. Le Pot pourri, ou Préservatif de la mélancolie, contenant la Henriade travestie (par Fougeret de Monbron), la Pipe cassée (par J.-J. Vadé), et autres poésies diverses. *A Londres (Cazin)*, 1784, in-16, broché.

345. La Guerre des Dieux, poème en dix chants, par Evariste Parny. *A Paris, chez Debray*, 1804, in-12, v. fauve, dent. tr. dor.

346. Les Miracles, ou la Grâce de Dieu, conte dévot (par Marie-Joseph de Chénier). *Paris, Dabin, an X-1*802, in-8 de 32 pag. demi-rel. v. vert, tr. jasp.

L'auteur s'est caché sous le nom de l'abbé Mauduit, dans la lettre à l'éditeur placée en tête de cet écrit.

347. Portefeuille volé, contenant : 1° le Paradis perdu, poème en quatre chants; 2° les Déguisements de Vénus, tableaux imités du grec; 3° les Galanteries de la Bible, sermon en vers (par E.-D. Desforges, chevalier de Parny). *Paris, Debray*, 1805, in-12, br.

348. Les Jeux de mains, poème inédit en trois chants, par C.-C. de Rulhière, suivi de son discours sur les disputes, et de plusieurs pièces du même auteur, également inédites. *Paris, chez Desenne*, 1808, in-8, br.

349. OEuvres complètes de P.-J. de Béranger; nouvelle édition, ornée de 44 gravures sur acier. *Paris, Perrotin*, 1843, 2 vol. figures. — Ma Biographie, ouvrage posthume de P.-J. de Béranger. *Paris, Perrotin*, 1859, 1 vol. Ens. 3 vol. in-12, v. fauve, dos orné, fil. tr. dor. (*Niedrée*.)

350. Némésis, satire hebdomadaire, par Barthélemy. *Paris, Perrotin*, 1833, in-8, demi-rel. v. bleu, tr. jasp.

52 satires.

351. Némésis, par Barthélemy, quatrième édition ornée de 15 gravures d'après les dessins de Raffet. *Paris, Perrotin*, 1835, 4 vol. in-8, fig. demi-rel. mar. rouge, jans. dor. en tête, éb. (*Raparlier*.)

352. Hégésippe Moreau. — Le Myosotis, nouvelle édition, par M. Sainte-Marie Marcotte. *Paris, Paul Masgana*, 1840, in-12, v. fauve, dos orné, init. sur les plats, tr. dor. (*E. Niedrée*.)

353. Fanfreluches pratiques, par un matagraboliseur (Lambert-Ferd.-Joseph van den Zande). *Paris, Firmin-Didot*, 1845, in-12, veau fauve, dos orné, filet, init. sur les plats, dent. int. tr. dor. (*Closs*.)

Cet ouvrage, tiré à très-petit nombre pour les amis de l'auteur, n'a pas été mis dans le commerce.

Exemplaire avec un supplément intitulé : Quatre Épîtres par un matagraboliseur. *Paris, impr. de Didot*, 1845, in-12, 23 pages.
(Envoi autographe signé de l'auteur.)

354. OEuvres complètes. — Chichois, poèmes,
contes et épîtres en vers provençaux, mêlés de
vers français, par G. Bénédit. *Marseille*, 1853,
in-8, portr. demi-rel. v. f. éb.

355. La Rapinéide, ou l'Atelier, poème burlesco-
comico-tragique en 7 chants, par un ancien rapin
des ateliers Gros et Girodet (Alex. Le Noble).
Paris, Barraud, 1870, in-8 de 62 pages, pap. de
Hollande, eaux-fortes, demi-cart. percal. non rog.

III. CHANSONS.

356. Chansons et saluts d'amour de Guillaume de
Ferrières dit le vidame de Chartres, la plupart
inédits, réunis pour la première fois avec les variantes de tous les manuscrits, précédés d'une
notice sur l'auteur par M. Louis Lacour. *A Paris,
chez Auguste Aubry*, 1856, in-12, de 69 pages,
cart. perc. non rog.
De la collection du Trésor des pièces rares ou inédites.

357. Chansons de Gaultier Garguille, nouvelle édition avec introduction et notes, par Édouard
Fournier. *Paris, P. Jannet*, 1858, in-12, cart.
perc. rouge, non rog.

358. La Caribarye des artisans, ou Recueil nouveau
des plus agréables chansons vieilles et nouvelles ;
nouvelle édition, avec un avant-propos et des
notes explicatives, par M. A. Percheron. *Paris,
Jules Gay*, 1862, in-12, demi-rel. mar. rouge,
jans. dor. en tête, non rog. (*Brany.*)

359. Chansons de la vieille cour. *S. l. n. d.*, in-fol.
parch. vert.
Manuscrit du XVIIIe siècle sur 2 colonnes, et d'une très-belle écriture,
285 pages chiffrées et une table.

360. Recueil de chansons et de vaudevilles. *S. l. n. d.*, fort vol. in-4, parch.

Manuscrit de la fin du XVIIIᵉ siècle, c'est un recueil de chansons, de contes en vers, de facéties, etc., l'écriture est très-nette.

361. Recueil de vaudevilles divertissants. *S. l. n. d.*, 2 vol. petit in-8, v. antiq.

MANUSCRIT du XVIIIᵉ siècle d'une bonne écriture avec musique notée. Ces chansons dont les plus anciennes datent de la seconde moitié du XVIIᵉ siècle, sont en général fort légères.

362. Le Caveau (21ᵉ et 22ᵉ année). *Paris*, 1855-56, 2 vol. in-12, demi-rel. v. f. — Les Chants du soldat, par Paul Deroulède. *Paris, Michel Lévy frères*, 1872, in-16, demi-rel. parch. vert.

363. Recueil dit de Maurepas, pièces libres, chansons, épigrammes et autres vers satiriques sur divers personnages des siècles de Louis XIV et Louis XV. *Leyde*, 1865, 6 vol. in-16, demi-rel. mar. rouge, jans. doré en tête, non rog. (*Brany.*)

364. Le Chansonnier français, ou Recueil de chansons, ariettes, vaudevilles et autres couplets choisis. *S. l. n. d. (Paris*, 1760), 8 vol. in-12, avec musique notée, veau, ant. marbr.

365. Chansons et poésies diverses de M. A. Désaugiers, *Paris, Dufey et Delloye*, 1834, 4 vol. in-24, portr. figures de Lécurieux, vélin blanc, dos orné, fil. chiffre sur les plats, tr. dor.

366. La Gaudriole, chansonnier joyeux, facétieux et grivois. *Paris* (1849), in-32, portr. v. fauve, dos orné, fil. initiales sur les plats, dent. int. tr. dor. (*E. Niedrée.*)

IV. THÉATRE.

367. Histoire du Théâtre-Français depuis son origine jusqu'à présent (par les frères François et

Claude Parfaict). *Amsterdam*, 1735-1749, 15 vol. in-12, v. antiq. marbr.

368. Tablettes dramatiques contenant l'abrégé de l'histoire du Théâtre-Français, l'établissement des théâtres à Paris, un dictionnaire des pièces et l'abrégé de l'histoire des auteurs et des acteurs, dédiées à S. A. S. M. le duc d'Orléans, par M. le chevalier de Mouhy. *Paris, Sébastien Jorry*, 1752, in-8, veau ant. tr. rouge.

369. Anecdotes dramatiques (J.-M.-B. Clément de Dijon et l'abbé Jos. de La Porte). *Paris, veuve Duchesne*, 1765, 3 vol. in-8, demi-rel. v. vert, tr. marbr.

370. Ancien Théâtre-Français, ou Collection des ouvrages dramatiques les plus remarquables depuis les mystères jusqu'à Corneille, publié avec des notes et éclaircissements, par M. Viollet-le-Duc. *Paris, P. Jannet*, 1854-57, 10 vol. in-12, cart. percal. rouge, non rog.

371. Tragédie françoise, à huict personnages, traictant de l'amour d'vn seruiteur enuers sa maîtresse et de tout ce qui en aduint, composée de M. Jean Bretog. de S. Saueur de Dyue. *A Lyon, par Noël Grandron*, 1571, in-12, de 42 pages demi-rel. veau f. non rog.

Réimpression d'un petit ouvrage fort rare, par Garnier, imprimeur à Chartres, et tirée à très-petit nombre.

372. La Comédie des Proverbes, pièce comique (par Adrien de Montluc, comte de Cramail). *A Paris, chez M. Pepingué*, 1665, in-8, mar. vert, fil. dent. int. non rog. (*Thouvenin.*)

373. OEuvres de Molière, avec des remarques grammaticales, des avertissemens et des observations sur chaque pièce, par M. Bret. *A Paris, par la Cie des libraires associés*, 1773, 6 vol. in-8, fig.

de Moreau le jeune, mar. rouge, fil. tr. dor. (*Reliure moderne.*)

Bel exemplaire, avec les cartons au tome Ier.

374. Ésope à la cour, comédie héroïque, par feu M. Boursault. *Imprimé à Rouen et se vend à Paris, chez Pierre Ribou,* 1706, in-12, parch.

375. Théâtre de Vadé.— Jérôme et Fanchonnette, pastorale de la Grenouillère. — Nicaise, opéracomique. — Les Racoleurs, opéra comique. — La Veuve indécise, opéra comique. — La Canadienne, comédie. *Paris,* 1786, ensemble 5 pièces en 1 vol. in-12, br. avec musique gravée.

De la collection de la *Petite Bibliothèque des Théâtres.*

376. Ésope à la Foire, comédie épisodique en un acte et en vers libres. *Paris,* 1786, in-16 de 46 pages, cart. non rog.

377. Charles II, roi d'Angleterre, en certain lieu, comédie très-morale, en 5 actes très-courts, dédiée aux jeunes princes, et qui sera représentée, dit-on, pour la récréation des Etats-Généraux, par un disciple de Pythagore (*attribuée à Louis-Sébastien Mercier, membre de l'Institut*). *Venise,* 1789, in-8 de 98 pages, demi-rel. v. fauve tr. marbr.

378. Théâtre choisi de Collé. *Paris,* 1789, 2 vol. in-18, cart. en vélin blanc moderne, chiffre sur les plats, tr. peign.

379. Vérités à l'ordre du jour, ou nouvelle critique raisonnée tant des acteurs et actrices des théâtres de Paris que des pièces qui y ont été représentées pendant le cours de l'année dernière. *A Paris, chez Garnier,* an VI (1798), in-18; fig. demi-rel. v. vert, tr. jasp.

380. Théâtre des Boulevards, ou Recuil de Parades (par Fagan, Moncrif, Collé, Sallé, Piron, etc.,

publ. par Corbie). *A Mahon (Paris)*, 1756, 3 vol.
in-12, front. v. fauve, fil. dent. int. tr. dor. (*Bauzonnet-Trautz.*)

Bel exemplaire provenant de la bibliothèque du comte H. DE LA BÉ-
DOYÈRE.

381. Le Coup de fouet, ou revue de tous les théâtres
de Paris, par un observateur impartial (*Jean-
Pierre-Abel Rémusat*). *A Paris, an X* (1802). —
L'Antidote, ou le Remède du coup de fouet
adressé au fesseur et aux fessés. *A Paris, chez
Surosne, an XI* (1803), ensemble 2 ouvrages en
un vol. in-18, demi-rel. bas. tr. jasp.

382. Les États de Blois, ou la mort de M. de Guise,
scènes historiques (par Louis Vitet). *Paris, Pon-
thieu*, 1828, in-8, demi-rel. v. viol.

383. OEuvres dramatiques de Camille Bernay,
suivies de poésies diverses et de fragments de
prose, et précédées d'une notice biographique.
Paris, Jules Belin, 1843. In-12, v. f. fil. init. sur
les plats, tr. dor. (*E. Niedrée.*)

384. Théâtre. — Le Lion empaillé, comédie-vaude-
ville, par M. Léon Gozlan (1848). — Les Amoureux sans le savoir, comédie, par Michel Carré
et J. Barbier (1850). — La Vie de Bohême, par
MM. Théodore Barrière et Henry Murger (1849).
— L'Honneur de la Maison, drame, par MM. Léon
Battu et Maurice Desvignes, 1853. — L'Autographe, comédie, par Henri Meilhac, 1858, ens.
5 pièces reliées en un vol. in-12, demi-rel. v. f.
tr. marbr.

385. L'Honneur et l'Argent, comédie, par F. Pon-
sard. *Paris, Mich. Lévy fr.*, 1854. — Flaminio,
comédie, par George Sand, 1854. — Les Effrontés,
par Emile Augier. *S. l. n. d.*, ens. 3 pièces rel. en
un vol. in-12, v. fauve, dos orné, fil. dent. int.
tr. dor. (*E. Niedrée.*)

386. Le Fils de Giboyer, comédie, par Émile Augier, de l'Académie française. *Paris, Mich. Lévy fr.*, 1863, in-8, mar. orange jans. chiffre sur les plats, dent. int. tr. dor. (*Belz-Niedrée.*)

Exemplaire avec un portrait en photographie de l'auteur ajouté; on a relié à la suite de cette pièce : M. Veuillot et Giboyer. Lettre au directeur du journal *le Progrès,* par un lecteur de l'*Univers, Paris, Dentu,* 1863, in-8 de 32 pages.

387. Théâtre. — Le Fils de Giboyer, comédie, par Emile Augier. *Paris, Mich. Lévy fr.*, 1863. — Le Fond de Giboyer, dialogue, avec prologue et pièces justificatives, par Louis Veuillot. *Paris, Gaume fr.*, 1863. — Le Tour de France du Fils de Giboyer, ou recueil complet des jugements exprimés par les principaux journaux politiques et littéraires de Paris, de la province et de l'étranger au sujet de la comédie de M. Emile Augier. *Paris, Gosselin*, 1864, 3 ouvr. en un vol. in-12, v. marbr. fil. chiffre sur les plats, tr. marbr.

388. Mémoires et correspondance littéraires, dramatiques et anecdotiques de C.-S. Favart, publiés par A.-P.-C. Favart, son petit-fils, et précédés d'une notice par H.-F. Dumolard. *Paris, Léopold Collin*, 1808, 3 vol. in-8, demi-rel. v. fauve, tr. jasp.

389. Les Secrets des coulisses des théâtres de Paris : mystères, mœurs, usages, anecdotes, par Joachim Duflot. *Paris, Mich. Lévy fr.*, 1865. — Mère et Fille, drame, par Xavier Forneret. *Paris,* 1855.— Les Théâtres en robe de chambre, par Yveling Rambaud et E. Coulon. *Paris, Ach. Faure,* 1866. — Grandes et petites Aventures de Mlle Montansier, esquisses, anecdotes. — Le Théâtre à Bade, par Victor Couailhac, ens. 3 vol. in-12, cart. et br.

390. Mémoires et Anecdotes des plus célèbres

comédiens de l'Europe. *Paris, El. Ledoux*, 1828-29, 14 vol. in-8, br.

Mémoires de Préville et de Dazincourt, de Molière, Lekain, Garrick et Macklin, Molé, Iffland, Brandes, Mlle Clairon, Mlle Dumesnil, mistriss Bellamy et Goldwin.

V. ROMANS ET CONTES.

391. Daphnis et Chloé, traduict de l'original grec en nostre langue par le sieur de Marcassus. *A Paris, chez Toussainct Du Bray*, 1626, in-12, fig. mar. rouge, fil. tr. dor. (*Reliure ancienne.*)

Exemplaire contenant les jolies figures de CRISPIN DE PAS. Mouillures.

392. Satyre de Pétrone, par M. de Boispréaux. *A la Haye, chez Jean Neaulme*, 1742, 2 vol. in-12, frontispice gravé, mar. vert, fil. tr. dor. (*Reliure ancienne.*)

393. L. Apulée. De l'Ane doré, XI livres, traduit en français par J. Louveau d'Orléans et mis par chapitres et sommaires. *A Paris, par Nicolas Bonfons, rue Neuve-Nostre-Dame, à l'enseigne S. Nicolas*, 1586, in-16, fig. sur bois, mar. vert, dos orné, fil. dent. int. tr. dor. (*Capé.*)

394. Les Métamorphoses, ou l'Asne d'or de L. Apulée, philosophe platonique. *A Paris, chez Nic. et Jean de la Coste*, 1648, in-8, fig. de Crispin de Pas et autres, mar. rouge, dos orné, fil. tr. dor. (*Reliure ancienne.*)

395. L'Eloge de la Folie, d'Erasme, traduit par M. de Gueudeville, avec les notes de Gérard Listre et les figures d'Holbein. *Amsterdam, chez François l'Honoré*, 1728, in-12, v. bleu, dent. tr. marb.

396. L'Eloge de la Folie, traduit du latin d'Erasme, par M. Gueudeville; nouvelle édition, revue et

T. 5

corrigée sur le texte de l'édition de Bâle. *S. l.*, 1757, in-12, figures d'Eisen, v. antiq. marbr.

397. Myrdhinn, ou l'enchanteur Merlin, son histoire, ses œuvres, son influence, par le vicomte Hersart de la Villemarqué. *Paris, Didier,* 1862, in-12, br.

398. Les Cent Nouvelles nouvelles; édition revue sur les textes originaux, et précédée d'une intro-duction par Le Roux de Lincy. *Paris, Paulin,* 1841, 2 vol. in-12, v. fauve, dos orné, fil. init. sur les plats, dent. int. tr. dor. (*Closs.*)

399. OEuvres de F. Rabelais. *Paris, L. Janet (de l'imprimerie de Jules Didot l'aîné),* 1823, 3 vol. in-8, demi-rel. v. f. dos orné, doré en tête, n. rog.

400. Le Parangon des nouvelles honnestes et delec-tables, réimprimé d'après l'édition de 1535 et précédé d'une introduction par Em. Mabille. *Paris, J. Gay,* 1865, in-12, demi-rel. mar. rouge, dor. en tête, n. rog.

401. Les Contes, ou les Nouvelles Récréations et Joyeux Devis de Bonaventure des Periers. *Paris, Ch. Gosselin,* 1843, in-12, v. fauv. init. sur les plats, tr. dor. (*Closs.*)

402. Baliverneries, ou contes nouveaux d'Eutrapel, autrement dit Léon Ladulfi. *Chiswick, de l'im-primerie de C. Whittengham,* 1815. in-18, papier vélin, mar. bleu, dos orné, fil. chiffre sur les plats, dent. int. tr. dor. (*E. Niedrée.*)

Jolie réimpression de l'édition de *Paris, Groulleau,* 1548.
Un avertissement de l'éditeur anonyme (M. S.-W. Singer) contient ce qui suit :
« Cette édition des Baliverneries d'Eutrapel, tirée à 100 exemplaires et imprimée à Chiswick, sur les bords de la Tamise, aux frais de trois ama-teurs de la littérature comique, se trouve chez R. Triphook, rue Saint-Jacques, à Londres, 1815. »

403. Propos rustiques, baliverneries, contes et dis-

cours d'Eutrapel, par Noel du Fail, édition annotée, précédée d'un Essai sur Noel du Fail et ses
écrits, par J.-Marie Guichard. *Paris, Charles Gosselin,* 1842, in-12, demi-rel. mar. rouge avec
coins, tr. peig. (*Lardière.*)

404. Le Moyen de parvenir (par Beroalde de Ver-
ville). *A****, 1000 70057 (*Paris, Grangé,* 1757),
2 vol. pet. in-12, avec une gravure vis-à-vis du
titre du premier volume, v. éc. fil. tr. dor.

Jolie édition augmentée d'une dissertation sur ce livre par Bern. de la
Monnoye.

405. Les Aventures du baron de Fœneste, par Théo-
dore-Agrippa d'Aubigné ; nouvelle édition, revue
et annotée par M. Prosper Mérimée. *A Paris,
chez P. Jannet,* 1855, in-12 cart., percal. rouge
n. rog.

406. La Vraye Histoire comique de Francion, composée par Nicolas de Moulinet, sieur du Parc, gentilhomme lorrain. *A Leyde, chez Henry Drumond,*
1721, 2 vol. in-12, front. gravés, mar. rou. fil.
tr. dor. (*Rel. anc.*)

407. Les Amours du comte de Soissons et de madame la duchesse d'Elbeuf, nouvelle historique
contenant plusieurs anecdotes du cardinal de
Richelieu. *A Amsterdam, chez Wetstein et Smith,*
1739, in-12, v. fauv. antiq.

408. L'Estrange et recreative Rvse d'vn filov habillé
en femme, ayant duppé et attrappé vn ieune
homme de bonne maison, soubs apparence de
mariage. *Jouxte la copie imprimée à Paris,* 1631,
in-12 de 12 pages, non relié.

409. Aventures de l'abbé de Choisy habillé en femme.
Quatre fragments inédits, à l'exception du dernier qui a été publié sous le titre : Histoire de la
comtesse des Barres, précédé d'un avant-propos
par M. P. L... (Paul Lacroix). *Paris, Jules Gay,*

1862, in-12, demi-rel. mar. bleu jans. doré en tête, n. rog.

410. Le Momus françois, ou les Aventures divertis-santes du duc de Roquelaure, suivant les mémoi-res que l'auteur a trouvés dans le cabinet du maréchal d'H...., par le sieur L. R... (Ant. Le Roy). *A Cologne, chez Pierre Marteau,* 1739, in-12, mar. vert, fil. tr. dor. (*Derome.*)

411. Le Roman bourgeois, ouvrage comique par Antoine Furetière; nouvelle édition, avec des notes historiques et littéraires, par M. Edouard Four-nier, précédée d'une notice par M. Charles Asse-lineau. *Paris, P. Jannet,* 1854, in-12 cart. perc. rou. n. rog.

412. Le Zombi du Grand Pérou, ou la comtesse de Cocagne, précédé d'une notice sur la vie et les ouvrages de l'auteur (attribué à Corneille Bles-sebois). *Paris,* 1862, in-12, br.
Réimprimé à petit nombre.

413. Les Partisans démasquez, nouvelle plus que galante, divisée en quatre parties. *A Cologne, chez Adrien l'Enclume, gendre de Pierre Mar-teau,* 1707, in-12, frontisp. gravé, cart. chiffre sur les plats, tr. peig.

414. Les Tours industrieux, subtils et gaillards de la Maltote, nouvelles galantes. *A Paris, chez Mi-chel le Plagiaire,* 1708, in-12, demi-rel. avec coins, mar. la Vall., tr. jasp. (*Thouvenin.*)

415. La Musique du Diable, ou le Mercure galant dévalisé. *A Paris, chez Robert le Turc (à la Sphère),* 1711, in-12, frontispice de B. Picart, cart. vélin.

416. Pluton maltotier, nouvelle galante, divisée en six parties. *A Cologne, chez Adrien l'Enclume,*

gendre de Pierre Marteau, 1712, in-12, frontisp. gravé, cart. chiffre sur les plats, tr. peig.

417. Les Amours de Pierre le Long et de Blanche Bazu, par J. Sauvigny; précédés d'une notice littéraire par M. Ravenel. *Paris, Werdet et Lequien*, 1819, in-24, frontispice et titre gravé, demi-rel. mar. bleu, doré en tête, éb.

418. Heures perdues et divertissantes du chevalier de *** (Rior), par l'abbé L. Bordelon. *A Amsterdam*, 1716, in-12, vélin blanc moderne.

419. Les Aventures de Pomponius, chevalier romain, ou l'Histoire de notre temps, par Labadie; nouvelle édition, augmentée d'un recueil de pièees concernant la minorité de Louis XV (en vers et en prose). *A Rome, chez Mornini*, 1728, in-12, v. gran. dent.

A la fin de cette édition il y a une table de 23 pages, en petit caractère, sous le titre de : *Notes* elle est plus complète que celle imprimée dans le *Ducatiana*, Amsterdam, 1738, in-8.

420. Les Bijoux indiscrets, par Diderot. *A Paris, chez tous les marchands de nouveautés*, 1797, 2 vol. in-16, br. fig.

421. Acajou et Zirphile, conte (par Ch. Pinot, sieur Duclos). *A Minutie (Paris)*, 1744, in-12, figures, v. éc. fil. tr. marbr.

422. Les Illustres Françoises, histoires véritables (*par Rob. Challès). A la Haye, chez Jean Neaulme*, 1748, 4 vol. in-12, bas.

423. Mémoires anecdotes des aventures galantes de M. Duliz, devenues tragiques après la catastrophe de celle de Mlle Pelissier, actrice de l'Opéra de Paris, avec le Triomphe de l'Intérêt, comédie. *A Lisbonne*, 1752, in-12, demi-rel. v. f.

Le titre est refait à la plume.

424. Voyage en l'autre monde, ou Nouvelles litté

raires de celui-cy (par l'abbé de la Porte). *A Londres, et se trouve à Paris* 1752, en 1 vol. in-12, 2 parties frontispices, veau. ant.

425. Histoire de Manon Lescaut et du chevalier des Grieux, par l'abbé Prévost, précédée d'une notice et suivie de notes par M. Pierre Jannet. *Paris, chez E. Picard,* 1867, in-12, cart. percal. bleue.

426. Les Fourmis du parc de Versailles, raisonnant ensemble dans leurs fourmilières ; fable allégorique et philosophique, traduite de l'anglais, par feu Ch... L... de Bel... (Ch. Lambert de Belan, député à la Convention nationale). *Londres, Volf,* 1863, pet. in-8 de 56 pages, v. fauve, fil. tr. dor.
Exemplaire du COMTE H. DE LA BÉDOYÈRE.

427. Le Colporteur, histoire morale et critique, par M. de Chevrier. *A Londres, chez Jean Nourse, l'an de la Vérité,* in-12, demi-rel. v. fauve, tr. marb.

428. Angola, histoire indienne, ouvrage sans vraisemblance (par le chevalier de la Morlière) ; nouvelle édition, revue et corrigée. *A Agra,* 1778, 2 vol. in-16, br.

429. Contes à rire, ou Récréation françoise ; nouvelle édition, corrigée et augmentée. *A Paris, aux dépens de la Compagnie,* 1781, 2 vol. in-12, demi-rel., chagr. viol. tr. marb.

430. Lettre de Thrasibule à Leucippe, ouvrage posthume de M. F. (Nic. Fréret). *Londres, s. d.* (vers 1768), in-12, veau fauv. fil. tr. dor.

431. Imirce, ou la Fille de la nature (par l'abbé H. J. Dulaurens). *Londres (Cazin),* 1782, 2 vol. in-18, v. éc. fil. tr. dor.

432. Le Chroniqueur désœuvré, ou l'Espion du

Boulevard du Temple (par Mayeur de Saint-Paul), contenant les annales scandaleuses et véridiques des directeurs, acteurs et saltimbanques du boulevard. *Londres*, 1782, 2 tomes en un volume in-8, cart.

On a relié à la suite de cet ouvrage le volume plus haut, ou l'Espion des principaux théâtres de la Capitale, etc. (par Dumont, comédien), *à Memphis (Paris)*, 1784, in-8,

433. Mémoires de Jacques Casanova de Seingalt, écrits par lui-même, *Paris, Paulin*, 1843, 4 vol. in-12, cart. tr. jasp.

434. Mémoires d'un sot, contenant des niaiseries historiques, révolutionnaires et diplomatiques, recueillies sans ordre et sans goût (par Vinc. Lombard, de Langres). *Paris, N. Maze*, 1820, in-8°, demi-rel. bas.

435. L'Abbaye au Bois, conte, par M. Guillaume. *Besançon, V° Daclin*, 1824, in-8 de 20 pages br.

436. Gaspard de la nuit, fantaisies à la manière de Rembrandt et de Callot, par Louis Bertrand, précédé d'une notice par M. Sainte-Beuve. *Angers, V. Pavie*, 1842, in-8, demi-rel. avec coins, veau fauv. tr. marb. (*Closs.*)

437. Les Visions de dom Francisco de Quevedo Villegas, chevalier de l'ordre Saint-Jacques, augmentées de l'Enfer réformé, ou sédition infernale; traduites d'espagnol par le sieur de la Geneste. *Paris, Arnould-Cottinet*, 1641, in-8, mar. citr. fil. noirs, dent int. tr. dor. (*Duru.*)

438. Histoire de don Pablo de Ségovie, traduite de l'espagnol et annotée par A. Germond de Lavigne, vignettes de Henri Emy, gravées par A. Baulant. *Paris, Ch. Warée*, 1843, in-8, vignettes, v. fauve, dos orné, fil. initiales sur les plats, dent. int. tr. dor.

VI. CRITIQUES — FACÉTIES — SATIRES
PROVERBES — ANA — DIALOGUES — ÉPISTOLAIRES
MÉLANGES.

439. Nouveaux Mémoires d'histoire ,de critique et
de littérature, par M. l'abbé d'Artigny. *A Paris,
chez De Bure l'aîné,* 1749, 6 vol. in-12, v. marbr.

440. Rapport historique sur les progrès de l'histoire et de la littérature anciennes depuis 1789 et
sur leur état actuel, présenté à Sa Majesté l'Empereur et Roi, rédigé par M. Dacier. *Paris, Impr.
impériale,* 1810, in-8, demi-rel. v. fauve, tr.
marbr. (*Closs.*)

441. Martyrologe littéraire, ou Dictionnaire critique
de sept cents auteurs vivants, par un ermite qui
n'est pas mort (A.-P.-G. Ménégaut). *Paris,
G. Mathiot* 1816, in-8, dem.-cart. percal. non
rog.

442. Réflexions sur le style original, par le Mis du
Roure, président de la Société des bibliophiles
français. *S. l. n. d. (Paris, impr. de Firmin-Didot),*
gr. in-8, papier de Hollande, cart. non rog.
Tiré à très-petit nombre.
Exemplaire d'Aimé-Martin.

443. Critique du Juif-Errant. Roqueplan embêté
par Jules Janin. *Paris,* 1852.— Le Critique Jules
Janin et le dramaturge Alexandre Dumas. *Paris,
chez tous les libraires,* 1843, ensemble, 2 ouvrages en 1 vol. in-12, demi-rel. v. tr. jasp.

444. Revue anecdotique des lettres et des arts,
paraissant le 5 et le 20 de chaque mois; documents biographiques de toute nature, nouvelles
des librairies et des théâtres, etc. *Paris,* 1855-

1862, 15 vol. in-12, demi-rel. v. fauve, tr. jasp.
Revue fondée par M. Lorédan Larchey.

445. La Petite Revue. *Paris, R. Pincebourde,*
1863-1866, 12 vol. in-12, demi-cart. percal. n.
rog.

446. L'Année littéraire et dramatique, par G. Vape-
reau. *Paris, L. Hachette,* 1859 à 1865. 7 vol.
in-12, demi-rel. mar. bleu, dor. en tête, éb. —
La suite jusqu'en 1870, 5 vol. in-12, br.

---

447. Facetiæ Facetiarum hoc est ioco-seriorum
fasciculus novus. *Pathopoli, apud Gelastinum
Severum,* 1657, in-12, frontispice gravé, vélin
antiq.

448. Nugæ venales, sive thesaurus ridendi et
jocandi, ad gravissimos severissimosque viros
Patres Melancholicorum conscriptos ; editio ulti-
ma, auctior et correctior. *Anno* 1689, *prostant
apud Neminem, sed tamen ubique.* In-12, frontispice vélin antiq.
Cette édition renferme le : *Pugna Porcorum per Porcium poetam.*

449. Les Facéties de Pogge, traduites en français,
avec le texte latin, édition complète. *Paris,
Is. Liseux,* 1878, 2 vol. in-12, br. papier de Hollande, titre rouge et noir.

450. Les Évangiles des Quenouilles ; nouvelle édition, revue sur les éditions anciennes et les manuscrits, avec préface, glossaire et table analytique.
Paris, P. Jannet, 1855, in-8, cart. percal. rouge,
n. rog.

451. La Première Leçon des matinées ordinaires du
grand abbé des Conardz de Roven, souverain
monarque de l'ordre, contre la response faicte
par vng cornevr à l'apologie dvdict abbé. *A Paris,*

de l'imprimerie de Panckoucke, 1848, in-12 de
9 pages, br.

Réimpression faite à très-petit nombre.

452. La Patenostre des verollez auec leur com-
plaincte contre les médecins. *Paris, impr. de
Crapelet,* 1847, in-16 de 4 ff. br.

Cette réimpression figurée, accompagnée d'une notice signée A. V.
(*Auguste Veinant*), n'a été tirée qu'à 57 exemplaires.

453. Les Quinze Joyes de mariage, ouvrage très-
ancien, auquel on a joint le Blason des fausses
amours, le Loyer des folles amours et le Triomphe
des Muses contre Amour, le tout enrichi de
remarques et de diverses leçons. *A la Haye,
chez A. Derogissart,* 1726, in-12, demi-rel. avec
coins mar. vert, dos orné, doré en tête n. rog.

454. Procez et amples examinations sur la vie de
caresme-prenant, traduit d'italien en françois.
Paris, 1805, petit in-8, demi-rel. avec coins
mar. rose, fil. n. rog. (*Thompson.*)

Ce recueil contient les facéties suivantes :
1. Procez, etc. — 2. Traité de mariage entre Julian Peoger, dit Janicot,
et Jacqueline Papinet. *Lyon,* 1611. — 3. La copie d'un bail et ferme faicte
par une jeune dame. *Paris, Pierre Viart,* 1609. — La raison pourquoy les
femmes ne portent barbe au menton. *Paris,* 1601. — 5. La source du gros
fessier des nourrices, etc. *Impr. pour Yves Bomont, à Bouen, s d.*— 6. La
source et origine des... sauvages, etc., *Lyon,* 1610. — 7. La gande et véritable pronostication des... sauvages, etc. — 8. Sermon joyeux d'un d... de
nourrices. — 9. Le Dict des pays joyeulx.
L'un des trente exemplaires où se trouve la dernière pièce : *le Dict des
Pays joyeulx.*
Réimpression faite au xviiie siècle.

455. Les Facétieuses Nuits de Straparole, traduites
par Jean Louveau et Pierre de Larivey. *Paris,
P. Jannet,* 1857, 2 vol. in-12, cart. percal. rouge,
n. rog.

456. Les Svbtiles et facetieuses Rencontres de J. B.,
disciple du généreux Verboquet, par luy practi-
quées pendant son voyage, tant par mer que par
terre ; le tout au contentement des plus mélancoliques. *A Lyon,* 1640, pet. in-12 de 71 p., mar.

cıtr. dos orné, fil. dent. int. tr. dor. (*E. Niedrée.*)

457. Le Facétieux Réveille-matin des esprits mélancoliques, ou Remède préservatif contre les tristes. *A Paris, chez Toussaint Quinet*, 1645, in-8, frontispice gravé, mar. bleu. comp. doré sur les plats, tr. dor. (*Niedrée.*)

458. Les Bigarrures et Touches du seigneur des Accords (Etienne Tabourot); avec les Apophtegmes du sieur Gaulard et les Escraignes dijonnoises; dernière édition, de nouveau augmentée de plusieurs épitaphes, dialogues et ingénieuses équivoques. *A Paris, chez Jean Dehoury*, 1662, 2 parties en un vol. in-12, v. éc. fil. tr. marbr.
Hauteur : 145 millimètres.

459. Les OEuvres de Tabarin; nouvelle édition, préface et notes par Georges d'Harmonville. *Paris, A. Delahays*, 1858, in-12, frontispice, vélin blanc, initiales sur les plats, tr. peign.

460. Les Tracas de la foire du pré, où se voyent les amourettes, les tours de passe-passe, la blanque, l'intrigue des charlatans, le courtage des fesses, le procès de l'homme de paille et son retour après sa mort, etc.; dialogue burlesque. *A Rouen, chez L. Mavrry, st.*, in-12 de 48 pages.
Réimpression moderne tirée à soixante exemplaires.

461. Le Momus françois, ou les Aventures divertissantes du duc de Roquelaure, suivant les mémoires que l'auteur a trouvés dans le cabinet du maréchal d'H..., par le sieur L. R... (Ant. Le Roy). *A Cologne, P. Marteau*, 1743, 2 part. en 1 vol. in-12, veau fauv. antiq.

462. L'Art de désopiler la rate... (par A.-Jos. Panckoucke). *A Gallipoli de Calabre, l'an des folies* 175886 (1756), in-12, mar. la Vall. dos orné, fil. dent. int. tr. dor. (*Duru.*)

463. Le Papillotage, ouvrage comique et moral. *A Rotterdam*, 1767, in-12, br.

464. Cléon, rhéteur cyrénéen, ou Apologie d'une partie de l'histoire naturelle, traduit de l'italien (composé par Charles-Claude-Florent Thorel de Champigneulles). *A Amsterdam*, 1770, in-12, mar. rouge, fil. tr. dor.

465. Dissertation étymologique, historique et critique sur les diverses origines du mot c*** avec notes et pièces justificatives, par un membre de l'Académie de Blois. *Blois, Jahyer*, 1835, in-16, de 52 pages mar. citr. fil. dent. int. tr. dor.

Attribué par Quérard à L. Petit de la Saussaye et par M. de Manne à François-Jules de Petigny,
Tiré à très-petit nombre.

466. Les Nuits d'épreuves des villageoises allemandes avant le mariage, dissertation sur un usage singulier, traduite de l'allemand et accompagnée de notes et d'une postface. *Paris, J. Gay*, 1861, in-12, de 57 pages, demi-rel. mar. rouge, jans. dor. en tête, non rog.

Tiré à petit nombre.

467. Marottes à vendre, ou Triboulet tabletier. *Au Parnasse burlesque, ex officina de la Bg. du bel esprit (Londres, Harding et Wright)*, 1812, petit in-12, papier vélin, demi-rel. avec coins, mar. bleu, dos orné, dor. en tête, non rog.

Ce recueil renferme des extraits de différents ouvrages rares.

468. Annulaire agathopédique et saucial. Cycle IV. *Imprimé par les presses iconographiques à la congrève de l'ordre des Agath∴ chez A. Labroue et comp., rue de la Fourche, à Bruxelles* (1849), in-8, 131 pages avec grav. vign. et musique gravée, demi-rel. v. fauv. éb. (*Closs.*)

Malgré le chiffre IV, cet annuaire ou : *Annulaire* a été le seul publié. Il n'a été tiré qu'à 350 exemplaires.
MM. A. Baron, Bory, Chalon, Delinge, Delmotte, Gensse, etc., sont les rédacteurs de cette facétie.

469. Recherches sur l'art de parvenir, par un contemporain (Maurice Joly). *Paris, Amyot*, 1868, in-8, demi-cart. percal. tête jasp. non rog.

---

470. Les Caquets de l'Accouchée; nouvelle édition, revue sur les pièces originales et annotée par M. Éd. Fournier, avec une introduction par M. Le Roux de Lincy. *Paris, P. Jannet*, 1855, in-12, cart. percal. roug. non rog.

471. Le Cochon mitré, dialogue. *A Paris, de la typographie de Panckouche*, 1850, in-12, de 23 pages, br.

L'auteur de cette satire est Fr. de la Bretonnière, bénédictin de Saint-Denis (voir Barbier, tome Ier, page 619).
Réimpression tirée à petit nombre.

472. Apologie pour Hérodote, ou Traité de la conformité des merveilles anciennes avec les modernes, par Henri Estienne; nouvelle édition, faite sur la première, augmentée de tout ce que les postérieures ont de curieux, et de remarques par M. Le Duchat, avec une table alphabétique des matières. *A la Haye, chez Henri Scheurleer*, 1735, 3 vol. in-12, 3 frontispices gravées mar. vert, dent. tr. dor. (*Bozérian jeune.*)

Très-bel exemplaire.

473. Histoire du prince Apprius, etc., extraites des Fastes du monde depuis sa création; manuscrit persan trouvé dans la bibliothèque de Schah-Huffain, roi de Perse, détrôné par Mamouth en 1722; traduction françoise, par messire Esprit, gentilhomme provençal, servant dans les troupes de Perse. *Imprimé à Constantinople l'année précédente*, in-12, 72 pages, mar. bleu, filets, tr. dor. (*Bauzonnet.*)

Satire contre le régent et sa cour, composée par P.-L. Godard de Beauchamp.
Le titre a quelques raccommodages sur la marge intérieure.

474. Les Amours de Zéokinizul, roi des Kofirans (Louis XV, roi des François), ouvrage traduit de l'arabe du voyageur Krinelbol (Crébillon). *A Amsterdam*, 1746, in-12, br.

475. Les Jésuites de la maison professe de Paris en belle humeur. *A Lions, chez Jean Montos*, 1760, in-12, front. v. f. fil. init. sur les plats, dent. int. tr. dor. (*Closs.*)

476. Règlements du grand ordre, ou de l'Archiconfrérie des dévotes du temps et à la mode, dressé par messire Nicoise Pattelin, confesseur en chef, directeur bannal et débrouilleur des consciences. *S. l. n. d.*, in-12, v. fauve, dos orné, fil. dent. int. tr. dor.

Manuscrit du commencement du XVIIIe siècle composé de 127 pages non chiffrées et divisé en plusieurs parties : *Pour les dévotes jansénistes. — Règlement particulier pour les sœurs du grand ordre de la dévotion aisée et à la mode. — Statuts anciens et nouveaux à l'usage des communautés séculières des sœurs noires dans l'archiconfrérie à la dévotion à la mode, etc. — Miroir alphabétique des dévotes du temps et à la mode.*

477. Le Chef-d'œuvre d'un inconnu, poëme, avec des remarques savantes par le docteur Chrisostome Mathanasius (Saint-Hyacinthe, aidé de S'-Gravesande, Sallengre, Prosper Marchand et autres), etc. *Paris*, 1807, 2 vol. in-12, portrait v. fauve, dos orné, fil. tr. dor. (*Simier.*)

478. Mémoires de l'Académie des Sciences, Inscriptions, Belles-Lettres, Beaux-Arts, etc., nouvellement établie à Troyes en Champagne (par P.-J. Grosley, André Lefèvre, David, etc.). *A Troyes, et se trouve à Paris, chez Duchesne*, 1756, 2 tomes en 1 vol. in-12, frontispice gravé, mar. rouge, fil. tr. dor. (*Derome.*)

Très-bel exemplaire ; la reliure est fraîche.

479. Les Sermons de mon curé, satires dédiées à MM. les curés, par M. Auguste Roussel. *Paris, chez l'auteur, s. d.*, in-8, fig. cart. éb.

480. Monacologie, illustrée de figures sur bois (traduction de Broussonnet avec le texte en regard).
Paris, Paulin, 1844, in-12, demi-rel. v. fauve tr.
marbr.

481. Nouvelles Guêpes, par Alph. Karr. *Paris,*
Blanchard, 1853-1854, 8 tomes en 4 vol. in-16,
papier vél., rel. en vélin blanc, init. sur les plats,
tr. peig.

482. Satires, par Louis Veuillot. *Paris, Gaume*
frères et J. Duprey, 1863, in-12, demi-cart. percal. ébar.

Exemplaire tiré sur PAPIER DE HOLLANDE.

483. Apophthegmatum ex optimis utriusque linguæ
scriptoribus cum priscis tum recentioribus, para-
bolarum item seu similitudinum Loci communes
per Conradum Lycosthenem Rubeaquensem collecti. *Parisiis, apud Henricum Le Be,* 1574, in-8,
v. antiq. marb.

484. Dictionnaire des proverbes françois, avec l'explication de leurs significations et une partie de
leur origine, par G. D. B... (Georges de Backer).
A Brusselles, 1710, in-8, v. fauv. fil. tr. dor.

485. Le Livre des proverbes français, précédé de
recherches historiques sur les proverbes français
et leur emploi dans la littérature du moyen âge
et de la Renaissance, par M. Le Roux de Lincy.
Paris, Ad. Delahays, 1859, 2 vol. in-12, papier
vélin fort, mar. rou. jans. initiale sur les plats,
dent. int. tr. dor.

486. La Fleur des proverbes français, recueillis et
annotés par M. G. Duplessis. *Paris, Passard,*
1855, in-16, mar. rou. jans. fil. à fr. dent. int.
init. sur les plats, tr. dor. (*Duru.*)

487. Almanach des proverbes pour l'année 1745, composé, supputé et calculé exactement par le très-célèbre et très-scientifique docteur Cartou-chivandeck, astronome privilégié suivant les astres. *A Anvers, rue des Quinze-Vingts, à l'En-seigne des Rats*, 1745, in-8 de 45 pages, demi-rel. mar. bleu, tr. dor. (*Brany.*)

488. Proverbes et dictons de la Basse-Bretagne. recueillis et traduits par L.-F. Sauvé. *Paris, H. Champion*, 1878, in-8, br.

---

489. Ana, ou collection de bons mots, contes, pensées détachées, traits d'histoire et anecdotes des hommes célèbres depuis la naissance des lettres jusqu'à nos jours; suivi d'un choix de propos joyeux, mots plaisants, reparties fines et contes à rire, tirés de différens recueils. *A Ams-terdam, et se trouve à Paris, chez Visse*, 1789, an VII, 10 vol. in-8, demi-rel. bas.
Publié par les soins de M. Ch.-G.-T. Garnier.

490. Recueil curieux d'histoires et de bons mots, par M. de B... D. M. *A Amsterdam*, 1739, in-12, demi-rel. mar. rouge, doré en tète, n. rog.

491. Dictionnaire d'anecdotes, de traits singuliers et caractéristiques, historiettes, bons mots, etc., par Honoré Lacombe de Prézel. *Paris, chez La-combe*, 1787, 2 vol. in-12, v. fauv. dos orné, fil. dent. int. tr. dor.

492. Le Répertoire anecdotique, ou recueil d'Anec-dotes nouvelles, extraites tant des différens jour-naux que d'une correspondance particulière. *A Paris, chez l'auteur, an V de la République* (1797), 2 tomes en 1 vol., in-12 v. ant. marb.

493. Poggiana, ou la vie, le caractère, les sentences

et les bons mots de Pogge Florentin, avec son Histoire de la République de Florence, etc., par J. Lenfant. *Amsterdam, chez Pierre Humbert,* 1720, 2 parties en 1 vol., pet. in-8, portr. demi-rel. avec coins, mar. rou. dos orné, portr. fil. doré en tête, n. rog. (*Bauzonnet.*)

494. Arlequiniana, ou les bons mots, les histoires plaisantes et agréables recueillis des conversations d'Arlequin, par Ch. Cotolendi. *Paris, chez Florentin et Pierre Delaulne,* 1694, in-12 frontisp. v. ant. fil. tr. rouges.

495. Maintenoniana, ou choix d'anecdotes intéressantes, de portraits, de pensées ingénieuses, de bons mots, de maximes morales, politiques, etc., tirés des lettres de madame de Maintenon par M. B... de B... (Bosselman de Bellemont, de Lille). *Amsterdam (Paris, Costard),* 1773, in-8, cart.

496. Esprit et génie de M. l'abbé Raynal, tiré de ses ouvrages, par l'abbé Hédouin. *A Genève, chez Jean Léonard,* 1782, in-8, demi-rel. bas. tr. jasp.

497. Menagiana, ou les bons mots et les remarques critiques, historiques, morales et d'érudition, de M. Ménage, troisième édition, publiée par La Monnoye. *A Paris, chez Florentin de Laulne,* 1715, 4 vol. in-12, v. antiq. marb.

498. Le Passe-temps agréable, ou nouveau choix de bons mots, de pensées ingénieuses, de rencontres plaisantes et de gasconnades. *A Rotterdam, chez Jean Hofhout,* 1715, in-12, frontispice, veau ant.

499. Voltariana, ou éloges amphigouriques de Francois-Marie Arrouet, sieur de Voltaire, gentilhomme ordinaire, conseiller du roi en ses conseils, historiographe de France, discutés et décidés pour sa réception à l'Académie française, nouvelle édition augmentée d'une pièce très inté-

ressante. *Paris*, 1749, 2 part. en 1 vol. in-8, veau marb. tr. rouge.

Recueil satirique publié par Travenol et Mannory.

500. Soirées de Ferney, ou Confidences de Voltaire, recueillies par un ami de ce grand homme (Simien Despréaux). *Paris, Dentu*, an X-1802, in-8, demi-cart. perc. tr. jasp.

501. Polissonniana, ou recueil de turlupinades, quolibets, rébus, jeux de mots, allusions, allégories, pointes, expressions extraordinaires, hyperboles, gasconnades, espèces de bons mots et autres plaisanteries... par l'abbé Claude Cherrier. *A Amsterdam, chez Henry Desbordes*, 1722, in-12, demi-cart. toile bleue, tr. jasp.

Réimpression faite à Bruxelles en 1864, avec une notice de Paul Lacroix, et tirée à petit nombre.

502. Ducatiana, ou Remarques de feu M. Le Duchat, sur divers sujets d'histoire et de littérature, par M. F... (J. Henri-Samuel Formey). *Amsterdam*, 1738, 2 tomes en 1 vol. in-12, frontispice grav. demi-rel, mar. vert, doré en tête, n. rog.

503. Arnoldiana, ou Sophie Arnould et ses contemporaines, choix d'anecdotes piquantes, précédé d'une notice sur sa vie (par Albéric Deville d'Angers, médecin et littérateur). *Paris, Gérard*, 1813, in-12, v. fauve, dor. en tête, n. rogn. (*Kœhler.*)

504. Maupeouana, ou Recueil complet des écrits patriotiques publiés pendant le règne du chancelier Maupeou, pour démontrer l'absurdité du despotisme qu'il voulait établir, et pour maintenir dans toute sa splendeur la monarchie française. *Paris*, 1775, 6 vol. in-8, demi-rel. v. gran.

505. Genlisiana, ou recueil d'anecdotes, bons mots, plaisanteries, pensées et maximes de Mme la comtesse de Genlis, précédé d'une notice sur sa vie et ses ouvrages, par Cousin d'Avallon, *Paris,* 1820. — Linguetiana..... 1801. — Pradtiana..... 1820. — Gregoireana..... 1821, ens. 4 ouvr. en un vol. in-16, portraits, demi-rel. v. f. tr. marbr.

506. Les Entretiens d'Ariste et d'Eugène (par le P. Dom. Bouhours), nouvelle édition. *A Paris, chez Guillaume Desprez,* 1768, in-12, veau ant.

507. Sentimens de Cléante sur les entretiens d'Ariste et d'Eugène, par M. Barbier d'Aucour. *A Paris, chez les Libraires associés,* 1776, in-12 v. antiq. marbr.

508. La Rvelle mal assortie, ov entretiens amovrevx d'vne dame éloquente avec vn cavalier gascon plus beau de corps que d'esprit, par Marguerite de Valois. *A Paris, chez Aug. Aubry,* 1855, in-12 de 21 pages, demi-rel. mar. rouge, tr. jasp.

De la collection des *Pièces rares ou inédites.*

509. Une Lettre inédite de Montaigne, accompagnée de quelques recherches à son sujet, précédée d'un avertissement et suivie de l'indication détaillée d'un grand nombre de soustractions et multiplications qu'a subies depuis un certain nombre d'années le département des manuscrits de la Bibliothèque nationale, par Achille Jubinal. *Paris, chez Didron,* 1850, in-8, br. fac-similé.

510. Réponse à une incroyable attaque de la Bibliothèque nationale, touchant une lettre de Michel de Montaigne, par M. Feuillet de Conches. *Paris, Laverdet,* 1851, in-8, fac-similé, demi-rel. veau fauve, tr. mabr. (*Closs.*)

511. Lettres du baron de Busbec, ambassadeur de Ferdinand Ier, roy des Romains, de Hongrie, etc.,

par M. l'abbé de Foy, chanoine de l'église de
Meaux. *Paris*, 1748, 3 vol. in-12, v. antiq.
marbr.

512. Lettres historiques et galantes de M^{mo} du
Noyer, contenant différentes histoires, aventures, anecdotes curieuses et singulières. *A Londres, chez Jean Nourse,* 1741, 6 vol. in-12 v.
fauve antiq.

513. Lettres de M. de la Beaumelle à M. de Voltaire.
A Londres, chez J. Nourse, 1763, in-12, v. fauve,
fil. dos orné, initiales sur les plats, dent. int. tr.
dor. (*E. Niedrée.*)

514. L'Espion anglais, ou Correspondance secrète
entre milord All' Eye et milord All' Ear (par Pidansat de Mairobert). *Londres, Adamson,* 1777-
1785, 10 vol. in-12, v. antiq. marbr.

Les 4 premiers volumes de ce recueil ont pour titre : *l'Observateur
anglais.* Les six derniers ont été publiés après la mort du rédacteur prin-
cipal, Pidansat de Mairobert, censeur royal.

515. Correspondance secrète, politique et littéraire,
ou Mémoires pour servir à l'histoire des cours, des
sociétés et de la littérature en France, depuis la
mort de Louis XV (rédigée par Métra). *A Londres,
chez John Adamson,* 1787-1790, 18 vol. in-12,
demi-rel. avec coins, v. fauve, dor. en tête, n.
rog.

Très-bel exemplaire.

516. Correspondance inédite de Collé, publiée avec
une introduction et des notes par Honoré Bonhomme. *Paris, H. Plon,* 1864, gr. in-8, portrait,
demi-cart. percal. n. rog.

517. Correspondance inédite de l'abbé F. Galiani,
avec M^{mo} d'Epinay. le baron d'Holbach, le baron
de Grimm et autres personnages du xviiie siècle,
édition imprimée sur le manuscrit autographe de
l'auteur, revue et accompagnée de notes par M***

(A. Barbier, etc.). *A Paris, chez Treuttel et Würtz,*
1818, 2 vol. in-8, demi-rel. v. f. tr. jasp.

518. La Correspondance littéraire, critique, beaux-
arts, érudition. *Paris, Durand,* 1856 (1ʳᵉ année)
à 1864, 9ᵉ année, en 8 vol. in-4, demi-rel. chag.
vert, tr. jasp.

519. Dictionnaire chiffré, nouveau système de correspondance occulte, par Brachet, *Paris, chez
Garnier frères,* 1851, in-16, veau gr. fil. et
initiales sur les plats, tr. peign.

---

520. Variétés historiques et littéraires, recueil de
pièces volantes, rares et curieuses, en prose et en
vers, revues et annotées par M. Ed. Fournier.
Paris, P. Jannet, 1855-1863, 10 vol. in-12, cart.
percal. rouge, n. rog.

521. Recueil de littérature, de philosophie et d'histoire (par C.-E. Jordan, de Berlin). *A Amsterdam,
chez François l'Honoré,* 1730, in-12, frontispice
gravé, v. fauve antiq.

522. Mélanges d'histoire et de littérature par M. de
Vigneul-Marville. *A Paris, chez Claude Prudhomme,* 1725, 3 vol. in-12, v. gran.

523. Recueil A. B. C. D., etc. (publié par G.-L. Pérau,
A.-G. Meusnier de Querlon, l'abbé B. Mercier
de Saint-Léger, l'abbé J. de la Porte, Et. de Bar-
bazan et B.-C. Graillard de Graville). *Fontenoi,*
1745-1762, 23 vol. in-12, v. antiq. marbr.

524. Mélanges politiques et littéraires : les Quatre
Stuarts; de la Vendée; de Bonaparte et des
Bourbons; de la Monarchie selon la charte; de
la Liberté de la presse, par M. le vicomte de Chateaubriand. *Paris, Firmin-Didot,* 1850, in-12,
demi-rel. v. fauve, tr. mar.

525. Mon Portefeuille, réponse à un ami d'enfance, par Couture, avocat à Boston. *Paris, Ed. Roux*, 1840, in-8, demi-rel. v. viol. tr. jasp.

526. Anthologie scatologique, recueillie et annotée par un bibliophile de cabinet. *A Paris, près Charenton, chez le libraire qui n'est pas triste*, impr. en l'ère de carnaval de 1000800602 (1862), in-12, demi-rel. mar. orange, fil. dor. en tête, éb. (*Thivet.*)

527. La Pornocratie, ou les femmes dans les temps modernes, par P.-J. Proudhon. *Paris, A. Lacroix*, 1875. — Mémoires d'une biche anglaise. *Paris, Ach. Faure*, 1864. — Priape et la Comtesse, par Antony Méray. *Paris, J. Laisné*, 1847.— Ruelles, salons et cabarets; histoire anecdotique de la littérature française. *Paris, Ad. Delahays*, 1858. — Bouis-Bouis, bastringues et caboulots de Paris. *Paris*, 1861, ens. 5 vol. in-12, br.

528. Recueil des éloges historiques lus dans les séances publiques de l'Académie des sciences, par P. Flourens. *Paris, Garnier*, 1856, 2 vol. — Charles Monselet. Statues et statuettes contemporaines. *Paris*, 1852. — Les Majorats littéraires, examen d'un projet de loi, par P.-J. Proudhon. *Paris, Dentu*, 1863. — Conversations littéraires et morales, par Hip. Rigault. *Paris, Charpentier*, 1859. — Les Mystifications de Caillot-Duval, introduction et éclaircissements par Lorédan Larchey. *Paris, René Pincebourde*, 1864, ens. 6 vol. cart. et brochés.

529. Mélanges de littérature et d'histoire recueillis et publiés par la Société des Bibliophiles français. *A Paris, de l'imprimerie de Crapelet*, 1850, in-8, v. fauve, dos orné, chiffre sur les plats, tr. dor. (*E. Niedrée.*)

530. Mélanges de littérature et d'histoire, recueillis

et publiés par la Société des Bibliophiles français,
A Paris, imprimerie Crapelet, 1850, gr. in-8,
mar. rouge, fil. à froid, doubl. de mar. rouge
avec large dent. tr. dor.

531. Mélanges de littérature et d'histoire recueillis
et publiés par la Société des Bibliophiles français.
A Paris, de l'imprimerie de Ch. Lahure, 1856,
in–8, papier de Hollande, v. fauve, dos orné,
fil. init. sur les plats, tr. dor.

VII. POLYGRAPHES.

532. Poggii Florentini oratoris clarissimi Opera.
*Argentinæ, impensis providi Joannis Knoblouchi :
litterario prelo Joannis Schot pressum hoc opus
Poggii sub annū Dñi M.D.XIII (1513) kalend.
Septembris*, in-fol. car. ronds, cart.

Les premiers feuillets sont doublés dans la marge intérieure du haut;
taches de moisissures.

533. Opus Merlini Cocaii poetæ mantuani macaro-
nicorum... *Amstelodami, apud Abrahamum
a Someren*, 1692, in-12, portrait, bas.

534. Hieronymi Marlini Parthenopei Novellæ, Fabu-
læ, Comœdia; edito tertia emendata et aucta.
Lutetiæ Parisiorum, apud P. Jannet, 1855, in-12,
cart. percal. rouge, n. rog.

535. OEuvres complètes du seigneur de Brantôme,
accompagnées de remarques historiques et critiques. *Paris, Foucault*, 1822-24, 8 vol. in-8,
demi-rel. v. f. tr. jasp.

Edition imprimée pour faire suite à la collection des Mémoires de Petitot.

536. Les OEuvres d'Estienne Pasquier, etc., ses
lettres, ses œuvres mêlées et les lettres de Nicolas
Pasquier, fils d'Estienne. *Amsterdam, libraires
associés*, 1725, 2 vol. in-f., veau ant. tr. marb.

537. Les Nouvelles OEuvres de M. Le Pays. *A Amster-dam, chez Abraham Wolfgank, suivant la copie de Paris*, 1674, 2 parties en un vol. in-12, fron-tisp. parch. à recouvr.

538. Les Nouvelles OEuvres de M. Le Pays. *A Amster-dam, chez Pierre de Coup*, 1715. 3 vol. in-16, br. frontispice.

539. OEuvres diverses de M. Patru, de l'Académie françoise, contenant ses plaidoyers, harangues, lettres, et vies de quelques-uns de ses amis. *Paris, Nicolas Gosselin*, 1732, 2 vol. in-4, v. gran.

540. OEuvres de Chapelle et de Bachaumont, nou-velle édition, précédée d'une notice par M. Tenant de Latour. *Paris, P. Jannet*, 1854, in-12, cart. percal. rouge, n. rog.

541. OEuvres de M. de Fontenelle, de l'Académie françoise. *A Paris, chez B. Brunet*, 1758, 11 vol. in-12, portr. et frontisp. gravés, v. antiq. marbr.

542. Mémoires de Mme du N*** (du Noyer), écrits par elle-même. *A Cologne, chez Pierre Marteau*, 1710, 5 vol. in-12, avec frontispice. — OEuvres meslées par Mme du N*** (du Noyer), ouvrage cu-rieux pour servir de suite à ses mémoires. *La Haye*, 1729, in-12, front. Ens. 6 vol. in-12, v. f. antiq.

543. OEuvres de M. de Saint-Évremond avec la vie de l'auteur, par M. des Maizeaux. *S. l.*, 1753, 12 vol. petit in-12, mar. rouge, dos orné, fil. tr. dor. (*Reliure ancienne portant sur les plats le nom de Racine Demonville.*)

544. OEuvres complètes de Voltaire, vie de Vol-taire, par M. le marquis de Condorcet, éloges et autres pièces. *Paris, A. Lequien*, 1820-26, 70 vol. in-8, portrait, demi-rel. v. fauve, tr. marbr.

545. Histoire de la vie et des ouvrages de J.-J. Rousseau, par V.-D. Musset-Pathay. *Paris, Dupont,* 1827, in-8, demi-rel. v. f. tr. marbr.

546. OEuvres de Denis Diderot, publiées sur les manuscrits de l'auteur, par Jacq.-André Naigeon. *Paris, Deterville,* an VIII, 15 vol. in-12, cart. n. rog.

547. Mémoires, correspondance et ouvrages inédits de Diderot. *Paris, Paulin,* 1834, 4 vol. in-8, br.

548. OEuvres complettes de M. de Saint-Foix, historiographe des ordres du Roy. *Paris, veuve Duchesne,* 1778, 6 vol. in-8, portr. v. jasp. dent. tr. marbr.

549. OEuvres complètes de Fréret, secrétaire de l'Académie des Inscriptions et Belles-Lettres, édition augmentée de plusieurs ouvrages inédits et rédigée par feu M. de Septchênes. *Paris,* an IV (1796), 20 vol. in-18, bas. rac. dent. tr. marbr.

550. OEuvres complètes de Cabanis, accompagnées d'une notice sur sa vie et ses ouvrages. *Paris, Bossange fr. et Firmin-Didot,* 1823, 5 vol. in-8, br.

551. OEuvres complètes de P.-L. Courier; nouvelle édition, augmentée d'un grand nombre de morceaux inédits, précédée d'un Essai sur la vie et les écrits de l'auteur, par Armand Carrel. *Paris, Paulin et Perrotin,* 1836, 4 vol. in-8, portr. demi-rel. avec coins, mar. bleu, dor. en tête, non rog.

HISTOIRE

I. GÉOGRAPHIE — VOYAGES — HISTOIRE UNIVERSELLE
HISTOIRE ANCIENNE.

552. Adrien Balbi. — Abrégé de géographie; nouvelle édition, accompagnée de cartes gravées sur acier par Henry Chotard. *Paris, H. Loones* (1872), fort vol. grand in-8, texte à 2 col. parch. vert, fil. tr. peign.

553. Grande Carte topographique du cours du Rhône de Lyon à la mer, dressée à l'échelle d'un mètre pour 5o,ooo mètres, par Laurent Dignoscyo, géographe, suivie d'une notice historique et descriptive des villes et localités des deux rives. *Lyon, Louis Perrin*, 1845, in-fol. cart.

554. Atlas classique et universel de géographie ancienne et moderne, publié par J. Andriveau-Goujon. *Paris*, 1840, in-fol. 45 pl. col. demi-rel. bas. rouge.

555. Voyage en France et autres pays, en prose et en vers, par Racine, la Fontaine, Reynard, Chapelle et Bachaumont, Hamilton, Voltaire, Piron, Gresset, etc. (publié par la Mésangère). *A Paris, chez Lelong*, 1824, 5 vol. in-18, fig. cart. non rog.

556. Relation du voyage d'Espagne (par Mme d'Aulnois). *A Paris, chez la veuve Claude Barbin*, 1699, 3 vol. in-12, v. marbr. fil.

557. Damas et le Liban, extraits du journal d'un

voyage en Syrie au printemps de 1860 (par le comte de Paris). *Londres, W. Jeffs*, 1861, in-8, (vii-136 pages), cart. toiles percal.

558. Description de l'isle Formosa en Asie, du gouvernement, des loix, des mœurs et de la religion des habitans, dressée sur les mémoires du sieur George Psalmanaazaar, natif de cette isle, avec une ample et exacte relation de ses voyages, etc., par le sieur N. F. D. B. R., enrichie de cartes et de figures. *A Amsterdam, chez R. et G. Wetstein*, 1712, in-12, cartes et fig. v. ant.

559. Relation d'un voyage fait en 1695, 1696 et 1697 aux côtes d'Afrique, détroit de Magellan, Brésil, Cayenne et isles Antilles par une escadre des vaisseaux du Roi, commandée par M. de Gennes, faite par le sieur Froger, ingénieur volontaire sur le vaisseau *le Faucon*, anglais. *A Amsterdam, chez les héritiers d'Antoine Schelti*, 1699, in-12, cart. et fig. v. gran.

560. L'ART DE VÉRIFIER LES DATES des faits historiques, des chartes, des chroniques et autres monuments, depuis la naissance de Notre-Seigneur..... (commencé par D. Maur.-Franç. d'Antine, D. Clémencet et D. Durand, continué et publié par D. F. Clément.) *Paris, Alex. Jombert*, 1783-87, 3 tomes en 6 vol. in-fol. mar. vert, dos orné, large dent. sur les plats, dent. int. doublé de tabis rose, tr. dor. (*Bozérian*.)

Superbe exemplaire en GRAND PAPIER ayant appartenu à Renouard. La reliure est bien conservée.

561. Omnium gentium mores, leges et ritus, ex multis clarissimis rerum scriptoribus a Joanne Boemo Aubano Teutonico, nuper collecti et novissime recogniti. *Antuerpiæ, excudebat Joan. V. Vithagius*, 1571, in-16, mar. vert, jans. dent. int. tr. dor. (*Duru*.)

562. Essai sur l'histoire universelle, par Prévost-

Paradol. *Paris, L. Hachette*, 1865, 2 vol. in-12, broch.

563. Amusemens d'un philosophe solitaire, ou Choix d'anecdotes, de dits et de faits de l'histoire ancienne et moderne, etc., par Jean Bardou, curé. *A Bouillon*, 1782, 3 vol. in-8 cart. n. rog.

564. Études historiques sur les religions, les arts, la civilisation de l'Asie antérieure et de la Grèce, par Jules Soury. *Paris, C. Reinwald*, 1877, in-8, broché.

565. Précis de l'histoire du moyen âge, par M. Desmichels, recteur de l'Académie d'Aix. *Paris, Louis Colas*, 1834, in-8, demi-rel. v. fauv. tr. jasp.

566. Histoire des plus illustres favoris, anciens et modernes, recueillie par feu M. P. D. P... (Pierre Du Puy), avec un journal de ce qui s'est passé à la mort du mareschal d'Ancre. *A Leide, chez Jean Elsevier*, 1659, in-4, v. antiq.

II. HISTOIRE DE FRANCE.

A. Histoire de France jusqu'à la Révolution.

567. Topographia Galliæ, sive descriptio... per Martinum Zeillerum. *Francofurti, cura et impendio Caspari Meriani*, 1655-1661, 13 part. en 4 vol. in-fol. cart. v. brun, tr. dor.

568. La Géographie française, contenant les descriptions, les cartes et le blason des provinces de France, par P. Duval d'Abbeville, géographe du Roy. *A Paris, chez l'auteur*, 1677, in-12, 35 planches, v. antiq. marb.

569. Dictionnaire universel de la France ancienne et moderne et de la nouvelle France (ouvrage

composé par Cl.-Marin Saugrain, et dirigé par l'abbé des Thuilleries, auteur de l'introduction). *Paris, Saugrain père*, 1726, 3 vol. in-fol. veau ant. marb.

570. Patria. — La France ancienne et moderne, morale et matérielle, ou Collection encyclopédique et statistique de tous les faits relatifs à l'histoire physique et intellectuelle de la France et de ses colonies. *Paris, J.-J. Dubochet, Le Chevalier*, 1847, 2 vol. in-12, texte à 2 col., demi-rel. avec coins, mar. bleu, dos orné, tr. marb.

571. COLLECTION COMPLÈTE DES MÉMOIRES RELATIFS A L'HISTOIRE DE FRANCE, depuis le règne de Philippe-Auguste jusqu'au commencement du dix-septième siècle, avec des notices sur chaque auteur et des observations sur chaque ouvrage, par M. Petitot. *Paris, Foucauld*, 1819-1827, 52 vol. — Seconde série. — Depuis l'avènement de Henri IV jusqu'à la paix de Paris conclue en 1763. *Paris, Foucauld*, 1820-1829, 79 vol., y compris le 21e *bis*. — Ens. 131 vol. in-8 demi-rel. v. fauv. éb.

Très-bel exemplaire.

572. ARCHIVES CURIEUSES DE L'HISTOIRE DE FRANCE, depuis Louis XI jusqu'à Louis XVIII, ou Collection de pièces rares et intéressantes, telles que chroniques, mémoires, pamphlets, lettres, vies, procès, testaments, exécutions, sièges, batailles, massacres, entrevues, fêtes, cérémonies, etc., publiées d'après les textes conservés à la Bibliothèque royale, et accompagnées de notices et d'éclaircissements, par MM. L. Cimber et F. Danjou. *Paris, Beauvais*, 1834-1840, 27 vol. in-8, demi-cart. percal. tr. jasp.

Ce recueil est divisé en 2 séries : la première, de Louis XI jusqu'à Louis XIII, est en 15 vol. : la deuxième série, de Louis XIII jusqu'à la mort de Louis XIV, est en 12 vol.

573. Nouvel Abrégé chronologique de l'histoire de

France, contenant les évènements de notre histoire depuis Clovis jusqu'à la mort de Louis XIV, les guerres... les traités de paix, nos lois principales... On y trouve aussi les femmes de nos rois, leurs enfants, etc., rangés par colonnes, avec la date de leur mort, etc., par le président Hénault. *A Paris, de l'imprimerie de Prault, père,* 1744, pet. in-8, vignettes de Cochin, mar. rou. dos orné, fil. tr. dor. (*Rel. anc.*)

Dans cet exemplaire, qui est celui de l'imprimeur Prault, sont ajoutés à la main plusieurs passages supprimés par la censure, et qui n'ont pas été imprimés.

574. Abrégé méthodique de l'histoire de France, où l'on trouve la chronologie, la généalogie, les faits mémorables et le caractère moral et politique de tous nos rois, etc., par M. de Brianville, abbé de Saint-Benoît de Quincay-lez-Poitiers. *Paris, Saugrain fils*, in-12, frontispice et portraits gravés, v. gran.

575. Histoire des Français, par J.-C.-L. Simonde de Sismondi. *Paris, Treuttel et Würtz*, 1821-1844, 31 vol. in-8, port. v. fauv. fil. dent. int. dorés en tête, n. rog. (*E. Niedrée.*)

Superbe exemplaire en PAPIER VÉLIN.

576. L'État de la France, où l'on voit tous les princes, ducs, pairs, maréchaux de France, etc. *A Paris, chez Estienne Loyson*, 1694, 2 vol. in-12, figures de blasons, v. ant. marb.

577. L'État de la France, contenant les princes, le clergé, les ducs, les pairs et les maréchaux.... *Paris, Claude Robustel*, 1727, 3 vol. in-12, v. gran.

578. État de la France, dans lequel on voit tout ce qui regarde le gouvernement ecclésiastique, militaire, justice, finances, commerce, manufactures, et en général tout ce qui peut faire connoître à fond cette monarchie ; extrait des mémoires

dressez par les intendans du royaume, par ordre du roi Louis XIV, etc., avec des mémoires historiques sur l'ancien gouvernement de cette monarchie, par M. le comte de Boulainvilliers. *Londres, chez E. Wood et S. Palmer,* 1727, 3 vol. in-fol. cart. v. gran.

579. Dictionnaire historique des mœurs, usages et coutumes des François, par Fr. Aubert de la Chesnaye des Bois. *Paris, Vincent,* 1767, 3 vol. in-8, v. ant. marb.

580. Dictionnaire historique des institutions, mœurs et coutumes de la France, par A. Chéruel. *Paris, L. Hachette,* 1855, 2 vol. in-12, texte à 2 col. demi-rel. fig. avec coins, mar. bleu, tr. marb.

581. Essai sur l'histoire de la formation et des progrès du tiers état, par Aug. Thierry. *Paris, Furne,* 1868, in-12, demi-rel. veau fauv. tr. jasp.

582. Mœurs et vie privée des Français dans les premiers siècles de la monarchie, par Émile de la Bédollière. *Paris, Amable Rigaud,* 1855, 3 vol. in-8, br.

583. Mémoires pour servir à l'histoire de la société polie en France, par P.-L. Rœderer. *Paris, Firmin-Didot fr.,* 1835, in-8, demi-rel. avec coins, mar. vert, dent. int. tr. dor. fil.
Ouvrage tiré à petit nombre et qui n'a pas été mis dans le commerce.

584. Dictionnaire critique et raisonné des étiquettes de la cour, etc., par M^mo la comtesse de Genlis. *Paris, P. Mongie,* 1818, 2 vol. in-8, demi-cart. percal. non rog.

585. Les Frontières de la France, par Théophile Lavallée. *Paris, J. Hetzel, s. d.,* in-12, demi-cart. perc. vert, non rog.

586. Chroniques de Froissart. *S. l. n. d.*, in-fol. demi-rel. mar. noir.

Cette édition ne fut pas achevée. M. Dacier, de l'Institut national, qui devait la publier et à qui l'on doit ce premier livre, ne put continuer la suite à cause des évènements de la première Révolution.

Le titre de ce premier volume manque ; on a joint en tête la copie d'une lettre de M. Dacier relative à cet ouvrage.

587. Les Chroniques de sire Jean Froissart, nouvellement revues et augmentées d'après les manuscrits avec notes, éclaircissements, tables et glossaire, par J.-A.-C. Buchon. *Paris, Panthéon littéraire*, 1853, 3 vol. gr. in-8, texte à 2 col. demi-rel. avec coins, mar. bl. tr. marbr. (*Veuve Niedrée.*)

588. Commentarius ad edictum Henrici secundi contra praxes et abusus curiæ Romanæ, et in antiqua edicta et senatusconsulta Franciæ contra Annatarum, etc., id genus abusus, multas nouas decisiones iuris et praxis continens, authore Carolo Molinæo, jurisconsulto Parisiensi. *Lugduni, apud Antonium Vincentium*, 1552, pet. in-fol. demi-rel. mar. bleu, jans. tr. r.

589. Le Cabinet du roy de France, dans lequel il y a trois perles précieuses d'inestimable valeur (la parole de Dieu, la noblesse et le tiers état), par le moyen desquelles Sa Majesté s'en va le premier monarque du monde, et ses sujets de tout soulagez. *S. l.*, 1581, in-8, mar. rouge, dos orné, fil. tr. dor. (*Rel. anc.*)

L'épître dédicatoire est signée : N. B. C. (Nicolas Barnaud, de Crest, en Dauphiné).

590. Histoire tragique et mémorable de Pierre de Gaverston, gentilhomme gascon, jadis le mignon d'Édouard II, roi d'Angleterre, tirée des chroniques de Thomas Valfenghan, et tournée du latin en françois, dédié à Mgr le duc d'Épernon. *S. l.*, 1588, plaq. in-8 de 32 pages, demi-rel. v. viol.

Cet ouvrage a été fait par Jean Boucher, ligueur furieux, curé de Saint-Benoît, contre le duc d'Épernon, favori de Henri III.

591. Recueil de diverses pièces servant à l'histoire de Henri III, roy de France et de Pologne. *A Cologne, chez Pierre du Marteau (à la Sphère)*, 1693, in-12, vél. antiq.

592. Histoire des derniers troubles de France, sous les règnes des rois... Henri III... et Henri IV... (par P. Mathieu). *Lyon*, 1594, 4 tomes et 1 vol. in-8, parch. ant. à recouvr.

593. Les Galanteries des rois de France (par Vanel). *A Cologne, chez Pierre Marteau*, 1752, 2 tomes en 1 vol. in-12, demi-rel. bas. tr. marbr.

594. Les Intrigues amoureuses des rois de France, depuis Charlemagne jusqu'à Henri IV, et celles des personnages les plus considérables qui ont vécu sous leur règne, etc. *Paris, chez Brunet*, 1790, pet. in-12, demi-cart. perc. non rog.

595. Les Amours de Henri IV, par M. de Lescure, ouvrage orné de quatre portraits dessinés d'après les originaux du temps. *Paris, Ach. Faure*, 1864, in-12, mar. bleu, jans. init. sur les plats, dent. int. tr. dor. (*Thivet.*)

Exemplaire sur PAPIER CHAMOIS avec les portraits sur chine.

596. Mémoire de la Ligue (par Simon Goulart); nouvelle édition, revue et augmentée de notes historiques et critiques (par l'abbé C.-P. Goujet). *Amsterdam (Paris)*, 1758, 6 vol. in-4, v. antiq. marbr.

597. L'Esprit de la Ligue, ou Histoire politique des troubles de France pendant les XVIe et XVIIe siècles, par M. Anquetil. *Paris, Moutard*, 1783, 3 vol. in-12, v. antiq. marbr.

598. La Ligue et Henri IV, par J. Michelet. *Paris, Chamerot*, 1856, in-8, demi-rel. v. f. tr. jasp.

599. Satyre Menippée; nouvelle édition, accom-

pagnée de commentaires et précédée d'une notice sur les auteurs, par M. Charles Labitte. *Paris, Charpentier*, 1845, in-12, v. f. dos orné, fil. et dent. avec init. sur les plats, tr. dor. (*E. Niedrée.*)

600. Journal inédit du règne de Henri IV (1598-1602), par Pierre de l'Estoile, publié d'après le manuscrit de la Bibliothèque impériale, par E. Halphen. *Paris, chez Auguste Aubry*, 1862, in-8, br.

601. Histoire de madame de Luz, anecdote du règne d'Henri IV (par Duclos). *A la Haye, chés Pierre de Hondt*, 1744; 2 parties en 1 vol. in-12, veau gr. fil.

602. Le Journal de la comtesse de Sanzay, intérieur d'un château normand au xvie siècle, par le comte H. de la Ferrière-Percy; nouvelle édition, augmentée de documents nouveaux. *Paris, chez Aug. Aubry*, 1859, in-12 br. papier vergé.

603. Mémoires du comte de Coligny-Saligny, publiés pour la Société de l'histoire de France, par M. Monmerqué. *Paris, Jules Renouard*, 1841, gr. n-8, demi-rel. mar. la Vall. doré en tête, éb.

604. Journal de Jean Héroard sur l'enfance et la jeunesse de Louis XIII (1601-1628), extrait des manuscrits originaux publié par Eud. Soulié et Ed. de Barthélemy. *Paris, Firmin-Didot frères*, 1868; 2 vol. in-8, br.

605. Le Mercure françois, ou la suite de l'Histoire de la Paix, commençant à l'an 1605, pour suite du septénaire du D. Cayer (continuée jusqu'en 1635, par J. et Est. Richer; depuis 1635, par Eus. Renaudot). *Paris, Jean Richer*, 1619-1648, 25 t. en 50 vol. in-12, v. f. antiq.

Exemplaire aux armes de Soubise.

606. Curiosités historiques sur Louis XIII, Louis XIV,

Louis XV, Mme de Maintenon, Mme Du Barry, etc.,
par J.-A. Le Roi, précédées d'une introduction
par M. Théophile Lavallée. *Paris, H. Plon,* 1864,
in-8, demi-rel. mar. vert, jans. doré en tête, éb.

607. Le Roi chez la Reine, ou Histoire secrète du
mariage de Louis XIII et d'Anne d'Autriche,
d'après le journal de la vie privée du roi, les
dépêches du nonce et des ambassadeurs et autres
pièces d'État, par Armand Baschet. *Paris, Henri
Plon,* 1866, in-8, br.

608. Pasqvils de la court, pour apprendre à discou-
rir et s'habiller à la mode. *S. l.,* 1622, in-12 de
8 pages, dérelié.

609. La Chasse av vieil grognart de l'antiqvité. *S.l.,*
1623, in-12 de 32 pages, dérelié.

610. Le Covrtisan à la mode selon l'vsage de la
Covr de ce temps, adressé aux amateurs de la
vertu. *S. l. n. d.,* in-12 de 14 pages, dérelié.

611. Recueil des pièces les plus curieuses qui ont
été faites pendant le règne du connestable de
Luynes. *S. l. n. d.,* in-8, veau ant. fil.
Le titre est doublé.
Exemplaire défectueux.

612. Histoire universelle du sieur d'Aubigné. *S. l.,*
1626, 3 tomes en un vol. in-fol. texte à 2 col.
bas.

613. Les Mémoires de messire Michel de Castelnau,
seigneur de Mauvissière, illustrés et augmentés
de plusieurs commentaires, etc., par J. Le Labou-
reur; nouvelle édition, revue (par Jean Godefroy).
Bruxelles, chez Jean Léonard, 1731, 3 vol. in-f.
port. v. fauve, ant. fil.
Superbe exemplaire en grand papier.

614. Les Courriers de la Fronde, en vers burlesques,
par Saint-Julien, revus et annotés par M. C. Mo-

reau. *Paris, P. Jannet,* 1857. 2 vol. in-12, cart. perc. rouge, n. rog.

615. Recueil de Mazarinades, 1649 ; env. 40 pièces in-4, déreliées.

616. Choix de Mazarinades publié pour la Société de l'histoire de France, par C. Moreau. *A Paris, chez Renouard,* 1853, 2 vol. gr. in-8, br.

617. Mémoires et Correspondance de Duplessis-Mornay; édition complète, publiée (par A.-D. de la Fontenelle de Vaudoré et P.-R. Auguis), sur les manuscrits originaux, et précédée des mémoires de Mme de Mornay sur la vie de son mari. *Paris, Treuttel et Würtz,* 1824-25, 12 vol. in-8, demi-rel. mar. rouge, tr. peign.

618. La Muze historique, ou recueil des lettres en vers, contenant les nouvelles du temps, écrites à Son Altesse Mlle de Longueville, depuis duchesse de Nemours (1650-1665), par J. Loret; nouvelle édition, revue sur les manuscrits et les éditions originales et augmentée d'une introduction, de notes et d'une table générale des matières, par MM. J. Ravenel et Ed. V. de la Pelouze. *Paris, chez P. Jannet,* 1857, in-8, texte à 2 col. demi-rel. mar. rouge, tête dor. non. rog.

Tome Ier.

619. Mémoires sur la vie publique et privée de Fouquet, surintendant des finances, d'après ses lettres et des pièces inédites conservées à la Bibliothèque impériale, par A. Chéruel. *Paris, Charpentier,* 1862, 2 vol. in-12 br.

620. Histoire la vie et de l'administration de Colbert, contrôleur général des finances, précédée d'une étude historique sur Nicolas Fouquet, suivie de pièces justificatives, lettres et documents inédits, par M. Pierre Clément. *Paris, Guillaumin,* 1846, in-8 demi-rel. v. f.

621. Les Histoires tragiques de nostre temps, où sont contenues les morts funestes et lamentables de plusieurs personnes arrivées par leurs ambitions, amours déréglées, sortiléges, vols, rapines et par autres accidens divers et mémorables, composées par François de Rosset. *A Rouen, chez Jean Du Mesnil*, 1688, in-8, veau brun.

622. La France galante, ou Histoires amoureuses de la cour ; nouvelle édition, beaucoup augmentée et enrichie de figures, divisée en 6 parties. *A Cologne, chez Pierre Marteau*, 1696, in-12, frontispice et figures gravées, mar. rouge, dos orné, fil. tr. dor. (*Reliure ancienne.*)

Même recueil que l'Histoire amoureuse des Gaules et les Amours des Dames, etc.
Les parties dont se compose ce recueil sont :
1° La France galante (*résumé de pièces comprises dans les Amours des Dames*);
2° Les Vieilles Amoureuses (*Mme de Lionne et le duc de Saux, la marquise de Cœuvres et l'évéque de Laon*);
3° Histoire de la maréchale de la Ferté ;
4° La France devenue italienne;
5° Le Divorce royal, ou Guerre civile dans la famille du grand Alcandre (*dialogue entre Mmes de Maintenon et de Montespan*).
6° Les derniers dérèglemens de la Cour (*Amours de Madame de Maintenon*);
7° Les Amours de Monseigneur le Dauphin avec la comtesse du Roure.

623. Mémoires de Fléchier sur les grands jours d'Auvergne en 1665, annotés et augmentés d'un appendice par M. Chéruel et précédés d'une notice par M. Sainte-Beuve. *Paris, L. Hachette*, 1856, in-8, gravures, demi-rel. mar. fauve, tr. marb.

624. Journal de la santé du roi Louis XIV, de l'année 1647 à 1711, écrit par Vallon, d'Aquin et Fagon, avec introduction, notes, réflexions critiques et pièces justificatives, par J.-A. Le Roi. *Paris, Auguste Durand*, 1862, in-8, demi-rel. mar. la Vallière, tr. marb.

625. Pièces inédites sur les règnes de Louis XIV,

Louis XV et Louis XVI, ouvrage dans lequel on trouve des mémoires, des notices historiques et des lettres de Louis XIV, de Mme de Maintenon, des maréchaux de Villars, de Berwick et d'Asfeld, etc., et la chronique scandaleuse de la Cour de Philippe d'Orléans, Régent de France, écrite par le duc de Richelieu, etc. (publiées par J.-L. Soulavie). *Paris, Léop. Collin,* 1809, 2 vol. in-8, demi-rel. v. viol. tr. marbr.

626. Mémoires de M. de Montrésor, contenant diverses pièces durant le ministère du cardinal de Richelieu, etc. *A Cologne, chez Jean Sambix le jeune, à la Sphère,* 1723, 3 vol. in-12, v. f. antiq.

627. Mémoires de Henri de Campion; nouvelle édition, suivie d'un choix des lettres d'Alexandre de Campion, avec des notes par M. C. Moreau. *Paris, P. Jannet,* 1857, in-12, cart. percal. rouge, n. rog.

628. Mémoires du marquis de Chouppes, lieutenant général des armées du roi, suivis des mémoires du duc de Navailles et de la Valette, pair et maréchal de France, revus, annotés et accompagnés de pièces justificatives inédites, par M. C. Moreau. *Paris, J. Techener,* 1861, gr. in-8, demi-rel. mar. bleu, dor. en tête, n. rog.

629. Mémoires de l'abbé Le Gendre, chanoine de Notre-Dame, publiés d'après un manuscrit authentique avec des notes historiques, biographiques et autres, par M. Roux. *Paris, Charpentier,* 1863, in-8, br.

630. Les Amoureux de madame de Sévigné, les femmes vertueuses du grand siècle, par Hippolyte Babou. *Paris, Didier,* 1862, in-8, demi-rel. mar. rouge, tr. peign.

631. Anecdotes, contes et poésies recueillis sur la Cour de Louis XIV et de Louis XV. *S. l. n. d.* in-8, v. gran.

Manuscrit du XVIIIᵉ siècle contenant 136 pages chiffrées et une table des matières.

632. Pièces fugitives en vers et en prose. *S. l. n. d.* 4 vol. in-4, v. marbr.

Manuscrit du XVIIIᵉ siècle d'une très-belle écriture ; ornements à la plume et quelques têtes de chapitres en couleur.
C'est un recueil de facéties, contes, épigrammes, poésies, bons mots, etc., et de mélanges sur l'histoire de France, principalement sur les règnes de Louis XIV et de Louis XV.

633. Anecdotes diverses des règnes de Louis XIV, Louis XV et Louis XVI, en vers, prose, lettres, mémoires, chansons et épigrammes réunis par un écolier de quinze ans du collége du Plessis-Sorbonne. *A Paris*, 1790, 2 tomes en 1 vol. in-12, demi-rel. mar. rouge, dor. en tête, ébarb.

634. Galerie de l'ancienne cour, ou Mémoires anecdotiques pour servir à l'histoire des règnes de Louis XIV et de Louis XV. *S. l.*, 1786, 3 vol. in-12, bas.

635. La Cour et la Ville sous Louis XIV, Louis XV, Louis XVI, ou Révélations historiques tirées des manuscrits inédits, par F. Barrière. *Paris, Dentu,* 1830, in-8, demi-rel. avec coins mar. bleu, tr. marbr.

Exemplaire sur PAPIER ROSE.

636. Nouveau Siècle de Louis XIV, ou Poésies anecdotes du règne et de la cour de ce prince, avec des notes historiques et des éclaircissemens. *A Paris, chez F. Buisson,* 1793, 4 vol. in-8, cart. n. rog.

Cet ouvrage, publié par C.-S. Sautreau de Marsy, a été extrait du recueil de chansons annotées que le comte de Maurepas avait fait rassembler à grands frais et qui est maintenant parmi les manuscrits de la Bibliothèque nationale.

637. Le Nouveau Siècle de Louis XIV, ou Choix de

chansons historiques et satiriques presque toutes
inédites de 1634 à 1712. *Paris, Garnier fr.* 1857,
in-12, br.

638. Les Historiettes de Tallemant des Réaux ; troisième édition, entièrement revue sur le manuscrit original et disposée dans un nouvel ordre, par
MM. de Monmerqué et Paulin Paris. *Paris, J.
Techener*, 1854-1860, 9 vol. gr. in-8, demi-rel.
mar. bleu, jans. doré en tète, n. rog.

Exemplaire en GRAND PAPIER.

639. La Vie de Philippe d'Orléans, petit-fils de
France, Régent du royaume pendant la minorité
de Louis XV, par M. L. M. D. M. (La Mothe, dit
de La Mode, ex-jésuite). *Londres*, 1737, 2 vol.
in-12, v. viol. tr. marbr.

640. La Chronique scandaleuse de la Cour de
Philippe duc d'Orléans, Régent de France pendant la minorité de Louis XV, où l'on voit les
intrigues secrètes, le libertinage de mœurs, l'ir-
réligion de cet âge et l'influence de l'Angleterre
et de l'Autriche sur les affaires de France, composée par Louis-François-Armand duc de Richelieu, en 1722, à sa sortie, pour la troisième
fois, de la Bastille. *S. l. n. d.*, in-8, demi-rel. veau
fauve, tr. marbr.

641. Journal et mémoires de Mathieu Marais sur
la Régence et le règne de Louis XV (1715-1737),
publiés pour la première fois d'après le manuscrit de la Bibliothèque impériale, avec une introduction et des notes, par M. de Lescure. *Paris,
Firmin-Didot frères*, 1863, 4 vol. in-8 br.

642. Journal de la Régence (1715-1723), par Jean
Buvat, publié pour la première fois et d'après les
manuscrits originaux, précédé d'une introduction et accompagné de notes et d'un index alpha-

bétique, par Émile Campardon. *Paris, Henri Plon*, 1865, 2 vol. in-8 br.

643. Mémoires du chevalier de Ravanne, page de S. A. R. le Duc Régent, et mousquetaire. *A Amsterdam*, 1752, 3 tomes en un vol. in-12, mar. bleu, dos orné, fil. dent. int. tr. dor. (*E. Niedrée.*)

644. Les Maîtresses du Régent, études d'histoire et de mœurs sur le commencement du xviii⁰ siècle, par M. de Lescure. *Paris, Dentu*, 1861, in-12, demi-rel. veau rose, tr. marbr.

645. La France sous Louis XV (1715-1774), par Alph. Jobez. *Paris, Didier*, 1864, 6 vol. in-8, br.

646. Histoire de France au xviii⁰ siècle, par J. Michelet : — Louis XIV, Louis XV et Louis XVI. — Origine des Bonaparte. *Paris, Chamerot et Germer Baillière*, 1866-1872, ens. 3 vol. in-8 br.

647. Journal historique, ou Fastes du règne de Louis XV, surnommé le Bien-Aimé (par le président de Lévy). *Paris, Prault*, 1766, 2 parties en un vol. pet. in-8, portrait, v. fauve, fil.

648. Mélanges historiques et critiques, contenant diverses pièces relatives à l'histoire de France, etc. (par A.-P. Damiens de Gomicourt). *Amsterdam et Paris, de Hansy*, 1768, 2 vol. in-12, v. et tr. marbr.

On a relié à la fin du 2ᵉ volume l'arrêt de la chambre des comptes, du 23 décembre 1768, qui supprima cet ouvrage.

649. Mélanges historiques, satiriques et anecdotiques de M. de B..... Jourdain, écuyer de la grande écurie du roi (Louis XV), contenant des détails ignorés ou peu connus sur les événements et les personnes marquantes de la fin du règne de Louis XIV, des premières années de celui de Louis XV, et de la Régence. *Paris, Chevré et*

Chanson, 1807, 3 vol. in-8, demi-rel. v. viol. tr. marbr.

650. Vie privée de Louis XV, ou Principaux Événe-mens, particularités et anecdotes de son règne (par Moufle d'Angerville, avocat). *A Londres, chez John Peter Lyton*, 1788, 4 volumes in-12, v. marbr.

651. Remontrances du Parlement au Roi, du 30 août 1766. *S. l.*, 1766. — Très-humbles et très-respectueuses remontrances du Parlement au Roi, au sujet des usurpations du conseil des parties. *S. l. n. d.* (1767). — Très-humbles et très-res-pectueuses remontrances du Parlement au Roi, au sujet des affaires de Bretagne. *S. l. n. d.,* (1768). — Très-humbles remontrances du Parlement au Roi, sur les lettres en forme d'Édit, du mois de janvier 1768, concernant le grand Conseil. *S. l. n. d.* — Recueil des principales lois relatives au commerce des grains, etc., 1769. — Ens. 5 pièces en un vol. in-12, mar. noir, tr. dor. (*Reliure an-cienne*).

652. Mémoires du comte de Maurepas, ministre de la marine, etc.; seconde édition, avec onze carica-tures du temps, gravées en taille-douce. *A Paris, chez Buisson,* 1792, 4 vol. in-8, figures, bas. rac.

653. Mémoires et journal inédits du marquis d'Ar-genson, ministre des affaires étrangères sous Louis XV, publiés et annotés par M. le marquis d'Argenson. *Paris, P. Jannet,* 1857, 5 vol. in-12, cart. percal. rouge, n. rog.

654. Maurice de Saxe, étude historique, d'après les documents des archives de Dresde, par Saint-René Taillandier. *Paris, Michel Lévy fr.,* 1865, in-8, demi-rel. mar. rouge, tr. jasp.

655. Journal historique, ou mémoires critiques et

littéraires sur les ouvrages dramatiques et sur les événemens les plus mémorables, depuis 1748 jusqu'en 1772, par Charles Collé. *Paris,* 1805-1807, 3 vol. in-8, v. jasp.

656. Journal et Mémoires de Charles Collé, sur les hommes de lettres, les ouvrages dramatiques et les événements les plus mémorables du règne de Louis XV (1748-1772); nouvelle édition, augmentée de fragments inédits, recueillis dans les manuscrits de la Bibliothèque impériale du Louvre, avec une introduction et des notes par Honoré Bonhomme. *Paris, Firmin-Didot frères,* 1868, 3 vol. in-8 br.

657. Les Maîtresses de Louis XV, par Edm. et Jules de Goncourt. *Paris, Firmin-Didot frères,* 1860, 2 vol. in-8, demi-rel. mar. rouge.

658. Mémoires de Mme la marquise de Pompadour, écrits par elle-même et publiés par R. P. *Paris, Vve Lepetit,* 1808, 5 vol. in-12, portraits, demi-rel. v. f. tr. jasp.

659. Mémoires de Mme du Hausset, femme de chambre de Mme de Pompadour, avec des notes et des éclaircissements historiques. *Paris, Baudouin fr.,* 1824, in-8, demi-rel. mar. rouge, tr. jasp.

660. Anecdotes sur Mme la comtesse du Barri (par Pidansat de Mairobert ou Thévenot de Morande). *A Londres,* 1775, in-12, demi-rel. v. fauve, tr. marb.

661. Nouvelles à la main sur la comtesse Du Barry, revues et commentées par Émile Cantrel, introduction par Arsène Houssaye. *Paris, H. Plon,* 1861, gr. in-8, port. demi-rel., mar. rou. tr. marb.

662. Le Maréchal de Richelieu et Mme de Saint-Vin-

cent, par Mary Lafon. *Paris, Didier,* 1863, in-8, demi-cart. perc. tête jasp. éb.

663. Les Galanteries du xviiie siècle, par Ch. Monselet. *Paris, Michel Lévy frères,* 1862, in-12, demi-rel. mar. vert, dos orné, tr. marb.

664. Documents inédits sur le règne de Louis XV. Journal des inspecteurs de M. de Sartines. *Bruxelles et Paris,* 1863, in-12, demi-rel., veau vert, tr. marb.

665. Mémoires historiques de Mesdames Adélaïde et Victoire de France, filles de Louis XV, par Ch.-Cl. de Montigny. *A Paris, chez Lerouge,* 1802, 3 tomes en 1 vol. in-12, figures de Naudet gravées par Bovinet, demi-rel., veau vert, tr. marb.

666. Nouveau Recueil des troupes qui forment la garde et maison du Roy ; avec la date de leur création, le nombre d'hommes dont chaque corps est composé, leur uniforme et leurs armes, par G. Chereau, dessiné d'après nature par Eiser. *S. l.,* 1757, in-fol. cart. 12 planches gravées, cart.

667. État des gouvernemens, tant généraux que particuliers, militaires et autres du Royaume de France, avec les appointemens et émolumens de MM. les gouverneurs et lieutenans-généraux des provinces. 1769, in-8, v. f. antiq.

Manuscrit composé de 106 pages chiffrées.

668. Journal historique de la révolution opérée dans la constitution de la monarchie françoise, par M. Maupeou, chancelier de France (par M. S. Pidansat de Mairobert et Mouffle d'Angerville). *Londres (Amsterdam),* 1774-1776, 7 vol. in-12, port. mar. vert, jans. tr. dor. (*Rel. anc.*)

Les tomes VI et VII ont pour titre : Journal historique du rétablissement de la magistrature, pour servir de suite à celui de la Révolution opérée....

669. Almanach royal. *A Paris, de l'imprimerie de Le Breton,* 1754, in-8, mar. vert comp. doré sur les plats, doublé de tabis rose, tr. dor. (*Rel. anc.*)

Cet exemplaire porte sur le dos et les plats de la reliure les armoiries de JOLY DE FLEURY, président au Parlement de Bourgogne.

670. Almanach royal. *A Paris, de l'imprimerie de Le Breton,* 1756, in-8, mar. rou. large dent. sur les plats, tr. dor. (*Rel. anc.*)

Exemplaire aux armes de Jean de BOULLONGNE, comte de Nogent, conseiller au Parlement de Metz.

671. Almanachs royaux. *Paris,* 1757-1792, ensemble 13 vol. in-8, mar. rou. vert et bleu, dos fleurdelisé. (*Rel. anc.*)

Années 1757-1773-1776-1777-1778-1782-1784-1785-1786-1787-1788-1791-1792.

672. Almanachs royaux et nationaux. *Paris,* 1764-1840, 13 vol. in-8, v. marb.

Années 1764-1769-1772-1775-1779-1783-1790-1805-an X (en mar.), 1814-1825 (en mar.) 1830 et 1840.

673. Almanach royal. *Paris, chez Le Breton,* 1765, in-8, mar. rou. dent. tr. dor. (*Rel. anc.*)

674. Almanach royal, année bissextile 1768. *Paris, chez Le Breton,* in-8, mar. rou. dos orné. large dent. sur les plats, tr. dor. (*Rel. anc.*)

675. Almanach royal. *Paris, Le Breton,* 1770, in-8, mar. vert, dos orné, dent. tr. dor. (*Rel. anc.*)

Exemplaire aux armes du DUC DE MONTMORENCY.

676. Almanach royal. *Paris,* 1774, in-8, mar. rou. dos orné, comp. sur les plats, tr. dor. (*Rel. anc.*)

Exemplaire aux armes de BOUCOT, seigneur de Colombier et de Judainville.

677. Almanach royal, année bissextile 1780, in-8, mar. rou. dos fleurdelisé, fil. tr. dor. (*Rel. anc.*)

Exemplaire en GRAND PAPIER et aux armes de PHELYPEAUX DE MAUREPAS.

678. Almanach royal, année commune 1789. *Paris, s. d.*, in-8, mar. rou. à comp. tr. ·dor. armoiries sur les plats. (*Rel. anc.*)

679. Almanach national de France, année commune 1793, l'an II° de la République. *A Paris, de l'imprimerie de Testu, s. l.*, in-8, v. marb. (Le dos porte comme fleurons des bonnets phrygiens.)

680. Le Sacre et Couronnement de Louis XVI, roi de France et de Navarre, à Rheims, le 11 juin 1775, précédé de recherches sur le sacre des rois de France, depuis Clovis jusqu'à Louis XVI (par Nic. Gobert), et suivi d'un journal historique de ce qui s'est passé à cette auguste cérémonie (par l'abbé Th.-J. Pichon); enrichi d'un très-grand nombre de figures en taille-douce, gravées par le sieur Patas, avec leurs explications. *A Paris, chez Vente,* 1775, in-8, frontispice et planches, demi-rel. v. fauv. n. rog. (*Simier.*)

681. Histoire de Marie-Antoinette, par Edmond et Jules de Goncourt. *Paris, Firmin-Didot frères,* 1859, in-8, br.

682. Mémoires secrets de J.-M. Augeard, secrétaire des commandements de la reine Marie-Antoinette (1760 à 1800); documents inédits sur les évènements accomplis en France pendant les dernières années du règne de Louis XV, le règne de Louis XVI et la révolution, jusqu'au 18 brumaire, précédés d'une introduction par M. Evariste Bavoux. *Paris, Henri Plon,* 1866, in-8, br.

683. Mémoires pour servir à l'histoire des mœurs et usages des Français, pendant le règne de Louis XVI, sous le Directoire exécutif, sous Napoléon Bonaparte et jusqu'à nos jours, par Ant. Caillot. *Paris, Dauvin,* 1827, 2 vol. in-8, br.

684. Aiguillonniana, ou Anecdotes utiles pour l'his-

toire de France au XVIIIe siècle, depuis l'année
1770, par M. Linguet. *A Londres*, 1777, in-8,
demi-rel. chag. vert, ebarb.

685. Etat militaire de France pour l'année 1774,
par MM. de Roussel et de Montandre. *A Paris*,
chez Guillyn, 1774, in-12, v. ant.

686. Histoire de MM. Paris (de Montmartel et Du-
verney), ouvrage dans lequel on montre comment
un royaume peut passer dans l'espace de cinq
années de l'état le plus déplorable à l'état le plus
florissant; par de L*** (de Luchet). *S. l.* 1776, in-8,
bas. jasp.

Cachets sur le titre.

687. Almanach Dauphin, ou Tablettes royales du vrai
mérite et d'indication générale des artistes célèbres des six corps, arts et métiers du royaume
pour l'année 1778. *A Paris, chez Lacombe, s. d.*,
in-8, frontisp. v. écaille, fil. tr. marb.

688. L'Esprit des almanachs, analyse critique et raisonnée de tous les almanachs tant anciens que
modernes. *Paris, veuve Duchesne*, 1783, in-12,
demi-rel. v. fauve, tr. marb.

Le privilège est au nom de Wolf d'Orfeuil, pseudonyme de Nicolas
Le Camus de Mézières.

689. L'Espion dévalisé, par Baudouin de Guema-
deuc, ancien maître des requêtes. *Londres*, 1783,
in-12, dem.-rel. av. coins, veau fauve, dos orné,
dor. en tête, non rog.

Cet ouvrage est aussi attribué au comte de Mirabeau.

690. Le Diable dans un bénitier et la métamorphose
du Gazetier cuirassé en mouche, ou tentative du
sieur Receveur, inspecteur de la police de Paris,
pour établir à Londres une police à l'instar de celle
de Paris; revu, corrigé et augmenté par M. l'abbé
Aubert et Pierre Leroux. *Paris, de l'Imprimerie
royale, s. d.* — Les Petits Soupers et les nuits

de l'hôtel Bouillon, lettre de Milord comte de****
à Milord*********, au sujet des récréations de
M. de C.-stri-s., anecdote singulière d'un cocher
qui s'est pendu à l'hôtel Bouillon, le 31 décembre 1778, à l'occasion de la dame de l'Ours, par
A.-G. Laffitte, marquis de Pellepore. *A Bouillon*,
1783, ens. 2 ouvrag. réunis en 1 volr in-8, frontisp. dem.-rel. veau viol. tr. marb.

691. Les Entretiens de l'autre monde sur ce qui se
passe dans celui-ci, ou Dialogues grotesques et
pittoresques entre feu Louis XV, feu le prince de
Conti, feu l'abbé Terray, feu M. de Clugny, etc.
Londres, 1784, in-12, demi-rel. chag. rou. dor.
en tête, non rog.

692. La Chronique scandaleuse, ou Mémoires pour
servir à l'histoire des mœurs de la génération présente (par Guillaume Imbert, ex-bénédictin). *A
Paris, dans un coin où l'on voit tout,* 1784, in-12,
demi-rel. avec coins, mar. rouge, tr. peign.

693. La Gazette noire, par un homme qui n'est pas
blanc, ou OEuvres posthumes du Gazetier cuirassé (Ch. Théveneau de Morande). *Imprimée à
100 lieues de la Bastille, etc. (Londres),* 1784,
in-8, demi-rel. v. vert, tr. marbr.

694. Le Gazetier cuirassé, ou Anecdotes scandaleuses de la cour de France (par Ch. Théveneau
de Morande). *Imprimé à cent lieues de la Bastille à l'enseigne de la Liberté,* 1785. — Lettres originales de Mme la comtesse du Barry, avec celles
des princes, seigneurs, ministres et autres qui lui
ont écrit et qu'on a pu recueillir. *Londres,*
1779. Ens. 2 ouvr. en 1 vol. in-12, front. bas.
marb. fil. tr. dor.

695. Récit présenté à Mgr de Calonne, ministre
d'État, contrôleur général des finances, par
Me Martin de Mariveaux, avocat au Parlement de

Paris, le 20 octobre 1786. *S. l. n. d.*, in-8, de
76 pages, veau fauv. fil. tr. dor.

Le titre annonce qu'il n'a été tiré que 3 exemplaires de ce récit.

696. Beaumarchais et son temps, études sur la société en France au xviii° siècle d'après des documents inédits, par Louis de Loménie. *Paris,
Michel Lévy frères,* 1856, 2 vol. in-8, demi-rel.
mar. bleu, doré en tête, éb.

697. Mémoires et correspondance de la marquise
de Courcelles, publiés d'après les manuscrits
avec une notice, des notes et les pièces justificatives, par M. P. Pougin. *Paris, P. Jannet,* 1855,
in-12, cart. perc. roug. non rog.

698. Mémoires de la baronne d'Oberkirch, publiés
par le comte de Montbrison, son petit-fils. *Paris,
Charpentier,* 1853, 2 vol. in-12, demi-rel. mar.
noir, plats toile, tr. jasp.

699. Portraits et caractères de personnages distingués de la fin du xviii° siècle, suivis de pièces
sur l'histoire et la politique, par M. Senac
de Meilhan, précédés d'une notice sur sa personne et ses ouvrages, par M. de Lévis. *Paris,
J.-G. Dentu,* 1813, in-8. — Souvenirs et portraits, 1780-1789, par M. de Lévis. *Paris, Buisson,* 1813. Ens. 2 ouvr. en 1 vol. in-8, demi-rel.
veau fauv. tr. jasp.

700. Anecdotes inédites de la fin du xviii° siècle
pour servir de suite aux « Anecdotes françaises »
(par Ant. Serieys et J.-F .André). *A Paris, chez
Monory, an IX-*1801, in-8, br.

701. Mémoires pour servir à l'histoire des évènements de la fin du xviii° siècle depuis 1760 jusqu'en 1810, publiés par M. Georgel. *Paris, Alexis
Eymery,* 1820, 6 vol. in-8, cart. non rog.

702. Le Petit Almanach de nos grands hommes (par
Rivarol. *S. l. n. d.* (1788), in-12, br.

703. Pierre-Clément-Alfred Lemoine. — M. de Silhouette-Bouret, les derniers fermiers généraux, études sur les financiers du xviiie siècle. *Paris, Didier,* 1872, in-12, br.

704. Correspondance secrette de plusieurs grands personnages illustres, dans laquelle on découvre les causes qui divisèrent les membres de la famille royale, pendant les dernières années du règne de Louis XVI, et de l'inimitié qui existoit entre la reine et Philippe d'Orléans (par P.-J.-A. Roussel, homme de loi, auteur du *Château des Tuileries*). *A Londres, et se trouve à Paris, chez Lerouge,* 1802, in-8, portr. demi-rel. veau f. tr. marbr.

- B. Histoire de France depuis la Révolution.

705. État de la France en 1789, par Paul Boiteau. *Paris, Perrotin,* 1861, in-8, demi-rel. mar. r. dor. en tête, non rog. (*Thivet.*)

706. Les Archives de la France, leurs vicissitudes pendant la Révolution, leur régénération sous l'Empire, par le marquis de Laborde. *Paris, veuve Renouard,* 1867, in-12, br.

707. Mémoires pour servir à l'histoire de l'année 1789, par une société de gens de lettres (par J.-P.-L. de la Roche du Maine, marquis de Luchet). *Paris, Lavillette,* 1790, 4 tomes en 2 vol. in-8, bas.

708. Le Parc aux Cerfs, ou l'Origine de l'affreuxdéficit, par un zélé patriote (par L.-G. Bourdon). *A Paris, sur les débris de la Bastille,* 1790, in-8, avec 4 fig. demi-rel. chagr. rouge, dor. en tête, éb.

709. Louis XVI détrôné avant d'être roi, ou Tableau

des causes nécessitantes de la Révolution française, etc., par M. l'abbé Proyart. *Londres*, 1800, in-8, demi-rel. v. f. tr. marbr.

710. Du Gouvernement, des mœurs et des conditions en France avant la Révolution, par M. Senac de Meilhan. *Hambourg*, 1795, in-8, demi-rel. mar. rouge, tr. jasp.

711. L'Ancien Régime et la Révolution, par Alex. de Tocqueville. *Paris, Michel Lévy*, 1860, in-8, demi-rel. mar. gren. jans. dor. en tête, éb. (*Thivet.*)

712. L'Ancienne France et la Révolution, avec une introduction sur la souveraineté nationale, par Nourrisson. *Paris, Didier*, 1873, in-12, br.

713. Mémoires relatifs au collier de la Reine. 3 pièces reliées en 1 vol. in-8, demi-rel. bas. rouge.

1. Mémoires justificatifs de la comtesse de Valois de la Motte, écrits par elle-même. *Imprimé à Londres*, 1789. — 2. Mémoire pour Louis-René-Édouard de Rohan... contre M. le procureur général. — 3. Conversations recueillies à Londres pour servir à l'histoire d'une grande reine. *Paris*, 1807.

714. Vie de L.-P.-J. Capet, ci-devant duc d'Orléans, ou Mémoires pour servir à l'histoire de la Révolution française (par Turbat du Mans). In-8, portr. *Paris, imp. Franklin, an II de la République.* — Mémoires sur la vie et le caractère de Mme la duchesse de Polignac, avec des anecdotes intéressantes sur la Révolution française et sur la personne de Marie-Antoinette, reine de France, par la comtesse Diane de Polignac. *A Hambourg, chez Pierre-François Fanche*, 1796, 2 ouvrages réunis en 1 vol. in-8, demi-rel. v. f. tr. marbr. — Mémoires et Mélanges historiques et littéraires, par le prince de Ligne. *Paris, Ambr. Dupont*, 1827, 5 vol. in-8, portr. demi-rel. mar. rouge, dor. en tête, non rog. — Mémoires de Daniel de

Cosnac, publiés pour la Société de l'histoire de France, par le comte Jules de Cosnac. *Paris, chez Jules Renouard,* 1852, 2 vol. in-8, demi-rel. mar. la Vall. dor. en tête. éb. — De l'Aranéologie, par Quatremère-Disjonval. *A Paris, chez J.-J. Fusch, an V de la République* (1797), in-8, demi-rel. v. fauv. tr. marbr.

715. Histoire de la conjuration de Louis-Philippe-Joseph d'Orléans (par C.-F.-L. de Montjoye). *A Paris,* 1796, 3 vol. in-8, portrait, v. jasp. tr. marbr.

716. Explication de l'énigme du roman intitulé : Histoire de la conjuration de Louis-Philippe-Joseph d'Orléans (par Jacques-Marie Rouzet de Folmon, ex-conventionnel). *Vérédishta (Paris),* 4 vol. in-8, v. marbr. dos orné, fil. initiales sur les plats, tr. dor.

Cet ouvrage fut imprimé aux frais de la duchesse douairière d'Orléans avant 1814. Aucun exemplaire ne fut mis en vente ni en circulation du vivant de la duchesse.

717. Histoire de Louis-Philippe-Joseph duc d'Orléans et du parti d'Orléans dans ses rapports avec la Révolution française, par M. Tournois. *Paris, Charpentier,* 1842, 2 vol. in-8, demi-cart. percal. tr. jasp.

718. État nominatif des pensions sur le trésor royal, imprimé par ordre de l'Assemblée nationale. *A Paris, de l'Imprimerie nationale,* 1789-1791, 4 vol. in-4, demi-rel. chagr. vert, tr. jasp.

719. Supplément historique et essentiel à l'État nominatif des pensions sur le trésor royal, imprimé par ordre de l'Assemblée nationale. *S. l.,* 1789, 2 vol. in-8, veau vert, filets, tr. jasp.

720. État nominatif des pensions, traitements conservés, dons, gratifications, qui se payent sur d'autres caisses que celles du trésor royal, imprimé par ordre de l'Assemblée nationale. *Paris, Imprimerie nationale,* 1790, in-4, demi-rel. mar. vert, tr. jasp.

721. Rapport du comité des pensions à l'Assemblée nationale. *A Paris, Imprimerie nationale,* 1790, in-4, demi-rel. mar. vert, tr. jasp.

722. Convention nationale.—Registres des dépenses secrètes de la cour connu sous le nom de Livre rouge, apporté par des députés des corps administratifs de Versailles, le 28 février 1793, l'an deuxième de la République, déposé aux Archives et imprimé par ordre de la Convention nationale. *A Paris, de l'Imprimerie nationale,* 1793, in-8 (livraison I, II et III), demi-rel. mar. rouge.

723. Répertoire, ou Almanach historique de la Révolution française, depuis l'ouverture de la première Assemblée des Notables, le 22 février 1787...(par L.-J. Hullin de Boischevalier). *Paris, Lefort,* an VII° (1807), vol. in-12, demi-rel. avec coins, vélin blanc, tête rouge, n. rog.

La troisième partie est intitulée : *Répertoire, ou série exacte et complète,* et la *sixième partie : Répertoire historique de l'Empire français.*

724. Mémoires anecdotiques pour servir à l'histoire de la Révolution française, par Lombard de Langres. *Paris, Ladvocat,* 1823, 2 vol. in-8, v. f. • n. rog.

725. Essai sur la Révolution française, par P. Lanfrey. *Paris, F. Chamerot,* 1858, in-8, demi-rel. mar. rouge, tr. marbr.

726. Leconte-Delisle. — Histoire populaire de la Révolution française. — Catéchisme populaire républicain. *Paris, Alph. Lemerre,* 1871, 2 br. in-16.

727. Lundis révolutionnaires, 1871-1874. — Nouveaux Éclaircissements sur la Révolution fran-

çaise à propos des travaux historiques les plus
récents et des faits politiques contemporains, par
Georges Avenel. *Paris, Ernest Leroux,* 1875,
in-8, br.

728. Les Français sous la Révolution, par MM. Augustin Challamel et Wilhelm Ténint, avec 40 scènes
et types dessinés par M. H. Baron, gravés sur
acier par L. Massard. *Paris, Challemel, s. d.,*
in-8, figures en couleur, demi-rel. veau viol. tr.
marbr.

729. Histoire de la société française pendant la
Révolution, par Edm. et Jules de Goncourt.
Paris, E. Dentu, 1854, in-8, demi-rel. chagr.
bleu, tr. marbr. (*Thivet.*)

730. Vie politique et privée de Louis-Joseph de
Condé, prince du sang. *A Chantilly, et se trouve
à Paris chez les marchands de nouveautés,* 1790,
in-8, portrait, 80 pages. — Copie du manifeste
attribué à Louis-Joseph de Bourbon, dit Condé,
1790, in-8 de 16 pages, ens. 2 ouvrages en 1 vol.
in-8, demi-rel. maroq. rouge, tête peign. non
rog.

731. L'Inquisition françoise, ou l'Histoire de la
Bastille, par Constantin de Renneville. *Amsterdam,* 1724, 4 vol. supplément 1 vol. ens. 5 vol.
in-12, v. fauve, dos orné, fil. dor. en tête, n.
rog. (*E. Niedrée.*)

732. Observations sur l'Histoire de la Bastille
publiée par M. Linguet, avec des remarques sur
le caractère de l'auteur, suivies de quelques notes
sur la manière d'écrire l'histoire politique, civile
et littéraire. *A Londres, aux dépens de l'auteur,*
1783. — Mémoires sur la Bastille. *Londres,* 1783,
ens. 2 ouvrages en 1 vol. in-8, veau ant. jasp.

733. Mémoires de Linguet sur la Bastille et de Du-

saulx sur le 14 Juillet, avec des notices, des notes et des éclaircissements historiques, par MM. Berville et Barrière. *Paris, Baudouin frères,* 1821, in-8, cart.

734. Histoire de la détention des philosophes et des gens de lettres à la Bastille et à Vincennes, précédée de celle de Fouquet, de Pellisson et de Lauzun, avec tous les documents authentiques et inédits, par J. Delort. *Paris, Firmin-Didot père et fils,* 1829, 2 vol. in-8, fig. lith., demi-rel. v. brun, tr. marbr.

735. Constitution de la République française, précédée des rapports et décrets qui y sont relatifs. *Paris, Impr. nationale,* 1848, in-fol. cart.

736. Dictionnaire géographique et méthodique de la République française en 120 départements, y compris les colonies, etc., par une société de géographes. *A Paris, chez Prudhomme, an VII* de la République, 2 vol. in-8, nombreuses cartes, veau granit, tr. jasp.

Par Louis Prudhomme.

737. Souvenirs sur Mirabeau et sur les deux premières Assemblées législatives, par Étienne Dumont (de Genève), ouvrage posthume publié par M. J.-L. Duval. *Paris, Ch. Gosselin,* 1832, in-8, portrait, demi-rel. mar. rouge, tr. jasp.

738. Mémoires de madame Roland, avec une notice sur sa vie, des notes et des éclaircissements historiques, par MM. Berville et Barrière. *Paris, Baudouin fr.* 1820, 2 vol. in-8, demi-rel. mar. viol. tr. marbr. (*Thivet.*)

739. Mémoires de l'abbé Morellet, de l'Académie française, sur le xviii⁰ siècle et sur la Révolution, précédés de l'Éloge de l'abbé Morellet, par M. Lemontey. *Paris, Ladvocat,* 1821, 2 vol. in-8, portrait, bas. rac.

740. Mémoires de Garat, avec une préface par E. Maron. *Paris, Poulet-Malassis,* 1862, in-12, demi-rel. mar. rouge, tr. jasp.

741. Mémoires de madame Elliott sur la Révolution française, traduits de l'anglais. — Adolphe Guéroult, études de politique et de philosophie religieuse. — OEuvres politiques de Benjamin Constant. — Le Comte de Montalivet, dix-huit années de gouvernement parlementaire. — Les Actes des apôtres (1789-1791), par Marcellin Pellet. *Paris, M. Lévy, Charpentier et Lechevallier,* 1861-73. Ens. 6 vol. in-12, br.

742. L'Orateur du genre humain, ou Dépêche du Prussien Cloots au Prussien Hertzberg. *A Paris, chez Desenne,* 1791, in-8, portrait, demi-rel. chagr. viol. non rog.

743. Mémoires de Louvet, avec une introduction par M. E. Maron. — Mémoires de Dulaure, avec une introduction par M. L. de la Sicotière. *Paris, Poulet-Malassis,* 1862, in-12, demi-rel. mar. viol. tr. jasp.

744. Révélations puisées dans les cartons des comités de salut public et de sûreté générale, ou Mémoires inédits de Senart, publiés par Alexis Dumesnil. *Paris,* 1824, in-8, demi-rel. v. br. (*Relié sur brochure.*)

745. Étrennes à la vérité, ou Almanach des aristocrates, orné de deux gravures en taille-douce et allégoriques pour la présente année, seconde de la liberté, 1790. *A Spa, chez Clairvoyant, s.d.,* in-8 de 80 pages, cart. figures.

746. Relation d'un voyage à Bruxelles et à Coblentz (1791), par Louis XVIII. *Paris, Baudouin fr. (de l'impr. de Jules Didot aîné,* 1823, in-16, br.

747. Relation d'un voyage à Bruxelles et à Coblentz

(1791) (par Louis XVIII). *Paris, Baudouin fr.,* 1823, in-8, demi-rel. bas. rouge.

748. Mémorial alphabétique des droits ci-devant seigneuriaux supprimés et rachetables conformément aux décrets de l'Assemblée nationale, sanctionnés par le roi, par M. Ravaut. *A Paris, chez Nyon,* pet. in-12, demi-rel. mar. rouge, tr. marbr.

749. Histoire des Girondins, par A. de Lamartine. *Paris, Furne,* 1847, 8 vol. in-8, portraits gravés, demi-cart. percal. tr. jasp.

750. Traité philosophique, théologique et politique de la loi du divorce, demandée aux États-Généraux par S. A. S. Mgr Louis-Philippe-Joseph d'Orléans, premier prince du sang, où l'on traite la question du célibat des deux sexes. et des causes morales de l'adultère (par M. J.-Hubert de Matigny). Juin 1789, in-8, XII-147 pages, cart.

751. Petite Biographie conventionnelle, ou Tableau moral et raisonné de 749 députés qui composaient l'Assemblée dite de la Convention (par Antoine-Joseph Rauss de Baptestein de Moulières). *Paris, Alex. Eimery,* 1816, in-12, demi-rel. v. rouge, n. rog.

Exemplaire provenant de la bibliothèque du roi (Palais-Royal) et armoiries sur le dos de la reliure.
Le frontispice est *avant la lettre.*

752. Chronique de cinquante jours, du 20 juin au 10 août 1792, rédigée sur pièces authentiques, par P.-L. Rœderer. *Paris, imprimerie de Lachevardière,* 1832, in-8, demi-rel. v. viol. tr. jasp.

753. Procès des Bourbons, contenant les détails historiques sur la journée du 10 août 1792; les évènements qui ont précédé, accompagné et suivi le jugement de Louis XVI; le procès de Marie-Antoinette, de Louis-Philippe d'Orléans,

d'Élisabeth, et plusieurs particularités sur la
vie et la mort de Louis-Charles, fils de Louis XVI ;
l'échange de Marie-Charlotte et le départ de tous
les membres de la famille pour l'Espagne. Nouvelle édition, revue, corrigée et augmentée d'un
grand nombre de pièces importantes qui n'ont
point encore été imprimées, avec figures (par
Turbat du Mans, mort à Alençon en 1815). *A
Hambourg*, 1798, 2 tomes en 1 vol. in-8, portraits, demi-rel. bas. verte.

754. Défense des émigrés français, adressée au peuple français par Trophime-Gérard de Lally-To-
lendal. *A Paris, chez Cocheris, an V de la République* (1797), 2 vol. in-8, demi-rel. v. rose, tr.
jasp.

755. Liste générale par ordre alphabétique des
émigrés de toute la République, dressée en exécution de l'article 16 de la loi du 28 mars 1793.
*A Paris, de l'imprimerie de l'administration des
domaines nationaux, l'an II de la République*,
fort vol. in-fol. demi-rel. bas. verte.

756. Almanach de Coblentz, où le plus joli des
recueils catholiques, apostoliques et français à
l'usage de la belle jeunesse émigrée, émigrante et
à émigrer. *A Paris*, 1792, in-18 de 190 pp.
demi-rel. bas.
Exemplaire taché.

757. Tableau général du maximum de la République française décrété par la Convention nationale le 6 ventôse. *A Paris, l'an II de la République française*, 3 vol. in-8, demi-rel. v. viol. tr.
marbr.

758. Danton. — Documents authentiques pour
servir à l'histoire de la Révolution française, par
Alfr. Bougeart. *Paris, Fr. Henry*, 1861, in-8,
demi-rel. v. bleu, fil. tr. marbr. (*Thivet.*)

759. Histoire du tribunal révolutionnaire de Paris d'après les documents originaux, par Emile Campardon. *Paris, Poulet-Malassis,* 1862, 2 vol. in-12, demi-rel. v. rose, tr. marbr.

760. Almanach des prisons, ou Anecdotes sur le régime intérieur de la Conciergerie, du Luxembourg, etc., et sur différents prisonniers qui ont habité ces maisons sous la tyrannie de Robespierre, avec les chansons, couplets qui y ont été faits. *Paris, Michel, l'an III de la République,* in-16, bas. rac. dent.

761. Listes générales et très-exactes des noms, âges, qualités et demeures de tous les conspirateurs qui ont été condamnés à mort par le tribunal révolutionnaire, établi à Paris par la loi du 17 août 1792, et par le second tribunal établi à Paris par la loi du 10 mars 1793, pour juger tous les ennemis de la patrie. *A Paris, chez L.-C. Marchand, s. d.,* in-8, 9 numéros et suppléments, demi-rel. veau brun, tr. marb.

762. Stanislas Maillard, l'homme du 2 septembre 1792. — Notice historique sur sa vie, publiée d'après des documents authentiques entièrement inédits avec fac-simile de son écriture, par Alph. Sorel. *Paris, A. Aubry* 1862. — Les Travailleurs de septembre 1792, documents sur la Terreur, publiés par le comte Horace de Viel-Castel. *Paris, E. Dentu,* 1862, figure, texte encadré de filets rouges, 2 ouvr. en un vol. in-12, demi-rel. chagr. viol. ébarbé.

763. Anecdotes curieuses et peu connues sur différents personnages qui ont joué un rôle dans la Révolution, *Genève, et se trouve à Paris, chez Michel,* 1793, in-8, cart.

Pamphlet très-violent contre les montagnards Robespierre, Danton, Hébert, Chaumette, Marat et autres.
C'est l'œuvre d'un Girondin, C. Goste d'Arnobat.

764. Macédoine révolutionnaire, pour servir à l'his-
de nos jours ou à la vérité toute nue sur nos mal-
heurs, sur les grands coupables ; par J. V**** (du
Midi). *A Paris, chez C.-F. Patris*, 1815, in-8,
dem.-cart. percal. tr. jasp.

765. Les Brigands démasqués, ou Mémoires pour
servir à l'histoire du temps présent, par Auguste
Danican, ex-général de brigade. *A Londres, imprimerie Baylis*, 1796, in-8, port. dem.-rel. veau
fauve, tr. jasp.

766. Histoire curieuse et véritable des enrichis de
la Révolution; liste des principaux et leur commerce secret. *Se trouve à Paris, chez l'éditeur,
an VI* (1798), in-12 de 30 pages, cart. frontispice.
Extrait de l'Almanach des gens de bien de 1798.
Mouillures.

767. Almanach des gens de bien pour l'année 1795
contenant des anecdotes peu connues pour servir
à l'histoire des évènements de ces derniers temps
(par Montjoye). *A Paris, chez Pichard, s. d.*, in-16,
frontispice, dem.-rel. veau bleu, tr. peign.

768. Almanach des gens de bien pour l'année 1797,
(par Ventre de Latouloubre, connu sous le nom
de Galard de Montjoie). *A Paris, chez tous les
marchands de nouveautés, s. d.* (1797), in-16, fr..
grav. demi-rel. mar. rou. et v. peig.

769. Histoire de la société française pendant le directoire, par Edm. et Jules de Goncourt. *A Paris,
Dentu* (1855), gr. in-8, demi-rel. mar. bleu, tr.
marbré. (*Thivet*).

770. Ouvrages divers sur la Révolution et la Restauration, ens. 23 vol. in-8, cart. et reliés.

1. Vie publique et privée de Honoré-Gabriel Riquetti, comte de Mirabeau,
1791. — 2. Histoire d'une détention de 39 ans dans les prisons d'État, 1787.
— 3. Qu'est-ce que le Tiers État? précédé de l'Essai sur les privilèges, par
l'abbé Sieyès, 1822. — 4. Convention nationale. Rapports de la commission
des finances, 1793. — 5. Galerie des aristocrates militaires et mémoires se-

crets, par Dumouriez, 1790. — 6. Un an de la vie de Louis-Philippe Ier, écrite par lui-même, ou journal authentique du duc de Chartres, 1790-1791. — 7. Mémoires sur les journées de septembre 1792. — 8. Mémoires sur les prisons. — 9. Camille Jordan, député du Rhône, à ses commettants sur la Révolution du 18 fructidor 1798. — 10. Richer Serisy au Directoire. — 11. Le 18 Fructidor, ou anniversaire des fêtes directoriales, 1798, figure. — 12. Deux mots au Directoire français. — 13. Sur les fêtes nationales, dialogue entre Chénier et Tronchet, députés. — 14. Histoire du cabinet des Tuileries depuis le 20 mars 1815 et de la conspiration qui a ramené Buonaparte en France, 1815. — 15. Parallèle entre César, Cromwell, Monck et Bonaparte. — 16. — Oraison funèbre de Buonaparte, 1814. — 17. Manuscrit venu de Sainte-Hélène d'une manière inconnue. — 18. Naturel et légitime. — 19. Anecdote politique. — 20. Mémoires de la vie publique de M. Fouché, duc d'Otrante, 1819. — 21. Notice biographique sur les nouveaux pairs de France, 1819. — 22. Procès de M. Marie Chamans de Lavalette, 1815. — 23. Procès du général sir Robert Wilson, Michel Bruce, etc., 1816. — 24. Procès de M. le comte Durand de Linois, contre-amiral, et de M. le baron Boyer de Peyreleau, 1816. — 25. Procès du lieutenant-général comte Drouot, 1816. — 26. Procès du général Cambronne, 1816. — 27. Procès de la Souscription nationale, jugé par la cour d'assises de Paris, 1820. — 28. Affaire de M. le chevalier Desgravier, 1821, etc.

771. Histoire secrète du cabinet de Napoléon Buonaparte et de la cour de Saint-Cloud, par Lewis Goldsmith, notaire. *Londres et Paris,* 1814, 2 tomes en un vol. in-8, demi-rel. bas.

772. Portefeuille politique d'un ex-employé au ministère de la police générale, ou Essai sur l'instruction publique, publié par Lebrun, de Grenoble. *Paris, chez l'auteur, an IX* (1800), in-8, demi-rel. v. fauve, tr. marb.

773. Almanach des ridicules pour l'année 1801. *Paris, an IX,* in-12, frontispice cart. n. rog.

774. Mémoires, ou souvenirs et anecdotes, par M. le comte de Ségur, de l'Académie française, ornés de son portrait, d'un *fac-simile* de son écriture, d'un portrait de l'impératrice Catherine II, d'une médaille et d'une carte de voyage de Crimée. *Paris, Alexis Eymery* (1827), 3 vol. in-8, demi.-cart. percal. tr. jasp.

775. Mémoires du comte Beugnot, ancien ministre (1783-1815), publiés par le comte Albert Beugnot, son petit-fils. *Paris, E. Dentu* (1866), 2 vol. in-8 br.

776. Précis de la conduite de Mme de Genlis depuis la Révolution, suivi d'une lettre à M. de Chartres et de réflexions sur la critique. *A Hambourg, et se trouve à Paris chez Cérioux, s. d.*, in-12, demi-rel. veau fauve tr. marbr.

777. Almanach impérial, an bissextil 1812, présenté à Sa Majeste l'Empereur et Roi, par Testu. *Paris, s. d.*, in-8, papier fort, bas. rouge, dent. sur les plats, tr. dor. (*Armoiries. Reliure du temps.*)

778. Souvenirs militaires de 1804 à 1814, par M. le duc de Fezensac, général de division. *Paris, J. Dumaine* (1863), in-8 br.

779. Ouvrages et pamphlets sur Napoléon, ens. 7 vol. in-8 et in-12 cart. et br.

Vie et caractère de Napoléon Bonaparte, par W.-E. Channing et R.-W. Emerson, traduit de l'anglais, 1857. — De Buonaparte, des Bourbons, par J.-A. de Chateaubriand, 1814. — Bonaparte et Murat, mémoire historique, 1815. — Désaveu de Léon, fils naturel de Napoléon Bonaparte, 1822. — Le royaume de Wesphalie, Jérôme Buonaparte, sa cour, ses favoris et ses ministres, 1820. — Amours secrètes de Napoléon, des princes et princesses de sa famille, 1844. — Bonaparte, commediante-tragediante, par Mario Proth, 1872.

780. Lettres sur quelques particularités secrètes de l'histoire pendant l'interrègne des Bourbons, par M. le comte de Barruel-Beauvert, ancien colonel d'infanterie. *Paris, A. Egron* (1815), 3 vol. in-8, demi-rel. bas. rouge.

781. Dictionnaire des Girouettes, ou nos contemporains peints d'après eux-mêmes, par le comte César de Proisy, d'Eppe. *Paris, Alexis Emery,* 1815, in-8, figure, demi-rel. v. f. tr. marb.

782. Calendrier de la cour pour l'année 1817. *Paris, Hérissant, s. d.*, in-32, mar. vert, dos fleurdelisé et dent. sur les plats int. tr. dor. (*Reliure du temps.*)

Joli exemplaire aux armes de CHARLES X, encore comte d'Artois.

783. Annuaire historique, par C.-L. Lesur. *Paris, Fantin,* 1819 à 1824, 6 forts vol. in-8 br.

784. Mémoires de S. A. S. Louis-Antoine-Philippe d'Orléans, duc de Montpensier, prince du sang. *Paris, Baudouin frères,* 1824, in-8, portr. demi-rel., v. f. tr. jasp.

785. Chronique indiscrète du dix-neuvième siècle, esquisses contemporaines extraites de la correspondance du prince de *** (composée par P. Lahalle, J.-B.-J.-I.-P. Regnault-Warin et J.-B.-B. de Roquefort). *Paris, chez les marchands de nouveautés,* 1825, in-8, demi-rel. veau vert, tr. marb.

786. Des Progrès de la Révolution et de la guerre contre l'Eglise, par l'abbé F. de La Mennais. *Paris, Belin-Mandar et Devaux,* 1829, in-8, demi-rel., mar. vert, tr. jasp.

787. Nouveaux Mémoires secrets pour servir à l'histoire de notre temps, par V.-D. de Musset-Pathay. *Paris, Brissot-Thivars,* 1829, in-8, demi-rel., mar. rou. jans. doré en tête, éb. (*Thivet.*)

788. Histoire des trois derniers princes de la maison de Condé, d'après les correspondances originales et inédites de ces princes, par J. Crétineau-Joly. *Paris, Amyot,* 1867, 2 vol. in-8, part. br.

789. Souvenirs historiques sur la révolution de 1830, par S. Bérard. *Paris, Perrotin,* 1834, in-8, fac-similé, demi-cart. tr. jasp.

790. Charles Nodier. — Souvenirs et Portraits. *Paris, Renduel,* 1833, in-8, demi-cart. percal. non rog.

Forme le tome VIII des OEuvres complètes.

791. Études d'histoire et de biographie, par Bazin. *Paris, Chamerot,* 1844, in-8, demi-rel., mar. vert avec coins, tr. peig.

792. Biographie, ou Vie publique et privée de Louis

Philippe d'Orléans, ex-roi des Français, par L.-G. Michaud. *Paris*, 1849, 2 part. en 1 vol. in-8, demi-rel. mar. la Vall., tr. jasp.

793. Histoire et politique de la famille d'Orléans, par Alex. de Lassalle. *Paris, E. Dentu*, 1853, in-8, demi-cart. perc. bleue, n. rog.

794. Mémoires d'un bourgeois de Paris, comprenant la fin de l'empire, la restauration, la monarchie de Juillet, la république jusqu'au rétablissement de l'empire, par le docteur L. Véron. *Paris, Libr. nouvelle*, 1856, 4 vol. pet. in-12, demi-rel. v. f. tr. marb.

795. Revue rétrospective, ou Archives secrètes du dernier gouvernement (publiées par M. Jules Taschereau). *Paris, Paulin*, 1848, gr. in-8, texte à 2 col. (33 numéros), demi-rel., v. fauv. tr. marb. (*Closs.*)

796. Le roi Louis-Philippe, liste civile par M. le comte de Montalivet. *Paris, Michel Lévy*, 1851, in-8 port. fac-similé, plan, demi-rel. percal. non rog.

797. Décadence de la monarchie française, par Eug. Pelletan. *Paris, Pagnerre*, 1861, in-8, br.

798. La République dans les carrosses du Roi. — Triomphe sans combat. — Curée de la liste civile et du domaine privé. — Scènes de la Révolution de 1848, par Louis Tirel. *Paris, Garnier frères*, 1850, in-8, demi-cart. perc. bl. non rog.

799. Une Année de révolution, d'après un journal tenu à Paris en 1848, par le marquis de Normanby. *Paris, H. Plon*, 1860, 2 vol. in-12, br.

800. Histoire de la Révolution de 1848, par Daniel Stern. *Paris, Charpentier*, 1868, 2 vol. in-12, broché.

801. Rapport de la Commission d'enquête, sur l'insurrection qui a éclaté dans la journée du 23 juin, et sur les événements du 15 mai. *S. l. n. d.*, 3 parties en un volume in-4, demi-rel. avec coin mar. noir, dos orné, tr. dor.

802. Rapport fait au nom de la Commission chargée de l'examen du compte spécial de toutes les dépenses faites et ordonnancées par le Gouvernement provisoire, depuis le 24 février jusqu'au 11 mai 1848, par M. Théodore Ducos; séance du 14 avril 1849. *S. l. n. d.*, in-4 demi-rel. veau fauve, tr. marb.

803. Révolution de 1848. — Réunion de 37 brochures in-8, in-12 et in-16, en 3 cartons.

Question des apanages d'Orléans, 1852. — Mémoire à consulter sur les décrets du 22 janvier 1852, relatifs aux biens de la famille d'Orléans. — Le roi Louis-Philippe et sa liste civile, par M. le comte de Montalivet. — Portrait critique et biographique des candidats à la Présidence. — Mystères du suffrage universel, par Noël Picot. — Bulletin de la République. Le Gouvernement provisoire et l'Hôtel de Ville dévoilés par Ch. de la Varenne, etc.

804. Histoire du second Empire, 1848-1870, par Taxile Delord. *Paris, Germer Baillière*, 1869-75, 5 vol. in-8, br.

805. Documents pour servir à l'histoire du second Empire, circulaires, rapports, notes et instructions confidentielles, 1851-1870. *Paris, E. Lachaud*, 1872, in-8, br.

806. Sophie Gay : Salons célèbres, 1864.— Jacques Reynaud : Portraits contemporains, 1867. — Souvenirs intimes sur M. de Talleyrand, recueillis par Am. Pichot, 1870. — Aug. Vacquerie : Profils et grimaces, 1856. — Mœurs et portraits du temps, par Louis Reybaud, 1853. — Portraits contemporains, par C.-A. Sainte-Beuve (tome II), 1870. — Pétrus Borel le Lycanthrope, sa vie, ses écrits, sa correspondance, poésies et documents inédits, par Jules Claretie, frontispice à l'eau-forte, avec portraits de Ulm, ens. 8 vol. in-12, br.

807. Recueil de pièces. — La Bienfaisance dupe ou complice de la contre-révolution. — Un Scandale, mémoires sur Louis Gicquel, ex-zouave pontifical. *Paris, E. Dentu*, 1861. — Lettre sur l'histoire de France. *Paris, H. Dumineray*, 1861. — La Brochure du duc d'Aumale. *Paris, E. Dentu*, 1861. — Crimes, délits, scandales au sein du clergé, pendant ces derniers jours. *Paris, chez tous les libraires*, 1861. — Waterloo, par Louis Veuillot. *Paris, Gaume frères,* 1861. — A M. Louis Veuillot. Waterloo. *Paris, E. Dentu*, 1861. — Lettre à M. Keller, par Edmond About. *Paris, E. Dentu*, 1861. Ensemble 7 ouvrages en 1 vol. in-8, demi-rel. veau fauv. tr. marbr.

808. L'Armée française en 1867 (par le général Trochu). *Paris, Amyot,* 1867, in-8, demi-rel. v. f. tr. jasp.

809. Ferdinand Giraudeau. Nos Mœurs politiques, lettres au rédacteur du Constitutionnel. *Paris, E. Dentu,* 1868, in-8 br.

810. Le Dernier des Napoléon (par M. le comte de Kératry). *Paris, A. Lacroix,* 1874, in-8, demi-rel. mar. rouge, jans. doré en tête, n. rog. (*Thivet.*)

Cet ouvrage passe pour être sorti de la main de M. de Beust.
On a relié à la suite de cet ouvrage : 1° La Femme de César, biographie d'Eugénie Kirpatrick Theba de Montijo, impératrice des Français (par Hipp. Magen). *Paris*, 1862. Br. in-8 de 16 pages. — 2° M. Napoléon et sa cour (par Mme la comtesse Dash et M. A.-N. Lebègue). *Bruxelles*, 1871. Br. in-8 de 79 pages.

811. Le 4 Septembre devant l'enquête, par Eugène Pelletan. *Paris, Pagnerre,* 1874, in-12, maroq. rouge jans. chiffr. sur les plats, dent. int. tr. dor. (*Thivet.*)

812. Histoire de la Révolution du 18 mars par Paul Lanjalley et Paul Corriez. *Paris, A. Lacroix,* 1871, in-8 br.

813. Politique contemporaine, réunion des divers ouvrages sur la Révolution de 1848, l'Empire, etc.; ens. 37 vol. in-12, br., reliés et cartonnés.

Les Affiches rouges, placardées sur les murs de Paris. — Profils critiques et bibliographiques des 900 représentants du peuple. — Recueil complet des actes du gouvernement provisoire. — Les clubs et les clubistes. Histoire complète, par Alph. Lucas. — Les Conspirateurs, par A. Chenu. — Les Montagnards de 1848. — Journal d'un Insurgé malgré lui. — Vivre en travaillant ! Projets, voies et moyens de réformes sociales, par Ev. Vidal. — Organisation du travail, par Louis Blanc. — 1848-1852: La République et les partis, par Pierre Lefranc. — De la Création de l'ordre dans l'humanité, par J. Proudhon. — La Démocratie, par Et. Vacherot. — Les Hommes de 1848, par A. Vermorel. — Le Vandalisme révolutionnaire, par E. Despois. — Histoire du Deux Décembre, par P. Mayer. — Histoire de la terreur bonapartiste, par Hipp. Magen. — Les Démocrates assermentés et les Réfractaires, par P.-J. Proudhon. — Le 19 Janvier, par Émile Ollivier. — Quelques pages d'histoire contemporaine, lettres politiques, par Prévost-Paradol. — Jules Claretie ; la Débâcle. — Dialogue aux Enfers, par Maurice Joly. — R. Rogeart : les Propos de Labiénus. — Les Femmes galantes des Napoléon, les Nuits et le Mariage de César, par L. Stelli. — Les Crimes de Bonaparte.— Biographie de Plon-Plon. Napoléon le Petit, par Victor Hugo. — Le 4 Septembre, par Eug. Pelletan. — Oscar Testut : l'Internationale. — Le Mouvement socialiste et les Réunions publiques, par G. de Molinari. — Les Clubs rouges pendant le siège de Paris (par le même). — Discours de Gambetta, Histoire de l'Assemblée nationale de 1871, Discours sur les marchés de la guerre et sur ceux de Lyon. — Discours de Challemel-Lacour. — Les Odeurs de Berlin, par Léouzon Le Duc, etc.

814. Politique contemporaine, 1871-1873, réunion de 6 brochures en un vol. in-8 cart., n. rog.

M. Gambetta second Président de la République française.— Dix-huit mois d'histoire du 15 juillet 1870 au 31 décembre 1871 (Nomenclature chronologique de tous les évènements). — Tableau indicatif des communes qui, par suite du traité de 1871, ont été séparées du Territoire français.— Le Gouvernement nécessaire, par Jules Grévy.— La Commune et l'Assemblée, par Ed. Lockroy.— Confiscation des biens de la famille d'Orléans.— Souvenirs historiques, par le comte de Montalivet.

III. HISTOIRE DE PARIS
ET DES PROVINCES DE FRANCE.

815. Notice sur le plan de Paris, de Jacques Gomboust, publié pour la première fois en 1652, reproduit par la Société des Bibliophiles français en 1858. *Paris, Techener,* 1858, in-12 br.

816. Atlas général des 48 quartiers de la Ville de Paris, dédié à M. le comte Chabrol de Volvic, préfet du département de la Seine, dressé et publié par Th. Vasserot et J.-N. Bellangé, architectes. *Paris*, 1827-1836, 3 vol. in-fol. demi-rel. bas. viol.

Plans-lithographies au trait des quartiers de Paris. Sur ces cartes, dressées à l'échelle d'environ 1 millim. pour mètre, on a tracé le plan géométral de toutes les maisons, avec le numérotage; on y voit les cours, jardins, puits, et c'est de tous les plans de Paris le plan le plus détaillé...

817. Plan de Paris, levé et dessiné par Louis Bretez, et gravé par Claude Lucas, sous les ordres de Michel-Etienne Turgot. *Paris*, 1740, gr. in-fol. v. antiq. marbr., dos et dent. sur les plats fleurdelisés, et armoiries de la ville de Paris, tr. dor.

Plan de Paris en perspective, et gravé en 20 planches.

818. Plan de la Ville de Paris, avec sa nouvelle enceinte, levé géométriquement par le citoyen Verniquet, parachevé en 1791, dessiné et gravé par les citoyens P.-F. Bartholomé et A.-J. Mathieu (*Paris, an IV*, 1796), in-fol. 72 planches, demi-rel. bas. rouge.

819. Description de la Ville de Paris au xve siècle, par Guillebert de Metz, publiée pour la première fois, d'après le manuscrit unique, par M. Le Roux de Lincy. *Paris, Auguste Aubry*, 1855, in-12, demi-rel. mar. la Vall. tête dor. non. rog.

820. Description nouvelle de ce qu'il y a de plus remarquable dans la ville de Paris par M. B. (Germain Brice). *A la Haye, chez Abraham Arondeus*, 1685, in-12, parch. antiq. à recouvr.

821. Description de la ville de Paris et de tout ce qu'elle contient de plus remarquable, par Germain Brice. *A Paris, chez les libraires associés*, 1752, 4 vol. in-12, plan et figures v. ant. marbr.

822. État ou tableau de la ville de Paris considérée relativement au nécessaire, à l'utile, à l'agréable

et à l'administration, par De Jèze, avec une préface par Ch.-Est. Pesselier. *Paris, Prault père,*
1760, in-8, plan, v. gran. fil. tr. rouge.

823. Paris, histoire véridique, anecdotique, morale
et critiqne, avec la clef, par M. Chevrier. *A la
Haye,* 1767, pet. in-8, v. ant. marbr.

Dans le même vol. : Le Gazetier cuirassé, ou anecdotes scandaleuses de la
cour de France (par Ch. Théveneau de Morande), 1771, in-8, frontispice.
—Le Vol plus haut, ou l'Espion des principaux théâtres de la capitale (par
Dumont, comédien). *Memphis (Paris),* 1784, in-8, de 142 pages.

824. Recherches critiques, historiques et topogra-
phiques sur la ville de Paris, depuis ses commen-
cements connus jusqu'à présent, avec le plan de
chaque quartier ; par le sieur Jaillot (J.-B. Michel
Renou de Chevigné), géographe du Roi. *Paris,*
1775, 5 vol. in-8 avec les plans et la table des 20
quartiers, demi-rel. v. fauve, non rog.

Bel exemplaire d'un ouvrage recherché et estimé pour son exactitude.

825. Almanach du voyageur à Paris, contenant une
description exacte et intéressante de tous les
monuments, chefs-d'œuvre des arts, établissements utiles et autres objets de curiosité que renferme cette capitale, par M. Thierry. *Paris, chez
Hardouin,* 1784, in-12, v. marbr.

826. Dictionnaire historique de la ville de Paris et
de ses environs, par MM. Hurtaut et Magny. *A
Paris, chez Moutard,* 1779, 4 vol. in-8, carte, v.
antiq. marbr.

827. Chronique de Paris, critique, politique, administrative, scientifique, littéraire, artistique et
industrielle. 1836-1837, 2 vol. in-4, demi-rel. v.
viol.

Journal fondé par Balzac et dont il fut le rédacteur en chef.

828. Singularités historiques, contenant ce que
l'histoire de Paris et de ses environs offre de plus
piquant et de plus extraordinaire, par Dulaure.

Paris, Baudouin frères, 1825, in-8, vignettes et figures gravées, demi-rel. veau vert, tr. jasp.

829. Paris pendant la Révolution, 1789-1798, par Séb. Mercier. *Paris, Poulet-Malassis*, 1862, 2 vol. in-12, demi-rel. mar. rouge, dos orné, fil. doré, en tête, éb. (*Thivet.*)

830. Guides-cicerone. Paris, son histoire, ses monuments, etc., guide du voyageur. *Paris*, 1854, fort vol. in-12, avec plans.— Guide de l'étranger dans Paris et ses environs, illustré de 130 gravures sur bois. *Paris*, 1874, in-12 cart. — Félix Normand : la Vie de Paris. *Paris, Librairie nouvelle*, 1855, in-12, cart. ens. 3 vol.

831. Traité de la police, etc., par M. Delamare, conseiller, commissaire du roi au Châtelet, de Paris. *Paris, chez Michel Brunet et F. Hérissant*, 1738, 4 vol. in fol. plans de Paris, veau ant.

832. La Police de Paris dévoilée, par Pierre Manuel, l'un des administrateurs de 1789. *Paris, J.-B. Garnerey, l'an second de la Liberté*, 2 vol. in-8, figures et tableaux, demi-rel. bas. tr. marbr.

833. Mémoires tirés des Archives de la police de Paris pour servir à l'histoire de la morale et de la police depuis Louis XIV jusqu'à nos jours, par J. Peuchet. *Paris, A. Levavasseur*, 1838, 6 vol. in-8, demi-cart. percal. tr. jasp.

834. Les Mystères de la police (par Aug. Vermorel). *Paris, Libr. centr.*, 1864, 3 vol. in-12, demi-rel. mar. rouge, tr. jasp.

Continué sous le titre : *la Police pendant la Révolution et l'Empire*, 2e partie; *la Police contemporaine*, 3e et dernière partie.

835. Dictionnaire administratif et historique des rues et monuments de Paris, par Félix Lazare et Louis Lazare. *Paris, au bureau de la Revue municipale*, 1855, in-4, texte à 2 col. demi-rel. mar. la Vall. tête dor., ébarbé.

836. Journal d'un bourgeois de Paris sous le règne de François Ier (1515-1536), publié pour la Société de l'histoire de France, d'après un manuscrit inédit de la Bibliothèque impériale, par Ludovic Lalanne. *A Paris, chez Jules Renouard*, 1854, in-8, br.

837. Journal d'un voyage à Paris en 1657-1658, publié par A.-P. Faugère. *Paris, Benjamin Duprat*, 1862, in-8, br.

838. Le Château des Tuileries, ou récit de ce qui s'est passé dans l'intérieur de ce palais depuis sa construction jusqu'au 18 brumaire de l'an VIII, etc., par P. J. A. R. D. E. (Pierre-Joseph-Alexis Roussel, d'Epinal). *A Paris, chez Lerouge*, 1802, 2 vol. in-8, 2 figures, demi-rel. v. f. tr. jasp.

Ce livre est rempli de détails romanesques.

839. Le Palais-Royal, ou mémoires secrets de la duchesse d'Orléans, mère de Philippe, par M. D. F. (de Favrolles). *A Hambourg, et se trouve à Paris chez Lerouge*, 1806, 2 vol. in-12, fig. v. rouge, tr. jasp.

840. Le Palais Mazarin et les grandes habitations de ville et de campagne au XVIIe siècle par le comte de Laborde (quatrième lettre sur l'organisation des bibliothèques dans Paris). *Paris, A. Franck*, 1846, 2 part. en 1 vol. gr. in-8, demi. rel.

Les NOTES CURIEUSES qui forment la seconde partie de cet ouvrage sont de toute rareté, n'ayant été tirées qu'à un très-petit nombre d'exemplaires.

841. Monographies parisiennes. — L'hôtel de Beauvais (rue Saint-Antoine), esquisse historique, par Jules Cousin. *Paris, Revue universelle des Arts*, 1865, in-8, papier de Hollande, eau-forte, plans et fac-simile, demi-cart. toile perc. rouge, éb.

842. Hôtel de la Présidence, actuellement hôtel de la Préfecture de police. Recherches historiques,

par M. É. Labat. *Paris, Lottin de Saint-Germain,*
1844, in-8 de 32 pages, fig. et plans, demi–rel.
mar. rouge, ébarb.

843. Édouard Fournier.— Paris démoli; 2ᵉ édition,
revue et augmentée, avec une préface par M. Théophile Gautier. *Paris, Aubry, E. Dentu,* 1855,
in-12, demi-rel. v. f. tr. marbr.

844. Tableau de Paris (par Mercier); nouvelle édition, corrigée et augmentée. *Amsterdam,* 1783-
1788, 12 vol. in-12, demi-cart. n. rog.

845. P.-J.-B. Nougaret. — Paris, ou le Rideau
levé ; anecdotes singulières, bizarres et sentimen-
tales, 3 vol. — Tableau mouvant de Paris, ou
Variétés amusantes, 3 vol. — Aventures parisiennes, avant et depuis la Révolution, 3 vol. —
Les Historiettes du jour, ou Paris tel qu'il est,
2 vol. — Les Sottises et les folies parisiennes,
aventures diverses, etc. *Paris et Londres,* 1787-
1808. Ens. 12 vol. in-12, demi-rel. v. viol. tr.
marb.

846. Les Misères de ce monde, ou Complaintes facétieuses sur les apprentissages des différens arts
et métiers de la ville et fauxbourgs de Paris. *A
Londres, et se trouve à Paris, chez Cailleau,* 1783,
in-12, demi-rel. avec coins, mar. citr. dos orné,
doré en tête, non rog.

847. Les Carrosses à cinq sols, ou les Omnibus du
dix-septième siècle (par Louis-Jean-Nicolas Monmerqué). *Paris, Firmin-Didot,* 1828, in-12, de
74 pages, demi-rel. mar. bleu, tête dor. éb.

848. Les Astuces de Paris, anecdotes parisiennes
dans lesquelles on voit les ruses que les intrigants
et certaines jolies femmes mettent communément
en usage pour tromper les gens simples et les
étrangers (par M. N. Pierre-J.-B. Nougaret). *A*

Londres, et se trouve à Paris, chez Cailleau, 1775,
2 part. en 1 vol. in-12, demi-rel. v. viol. tranch.
marbr.

849. Grand Monde et salons politiques de **Paris**
après la Terreur, fragments précédés d'une étude
sur la société avant 1789, par Louis Lacour.
Paris, A. Claudin et E. Meugnot, 1860, in-16,
br.

850. L'Écho des salons de Paris, depuis la Restauration, ou Recueil d'anecdotes sur l'ex-empereur
Bonaparte, sa cour et ses agents (par Jacques-
Thomas Verneur). *Paris, Delaunay,* 1814-1815,
3 vol. in-12, demi-rel. v. fauv. tr. marbr.

851. Alfred Delvau. — Les Cythères parisiennes,
histoire anecdotique des bals de **Paris** avec 24
eaux-fortes et un frontispice de Félicien Rops et
Émile Thérond. *Paris, E. Dentu,* 1864, in-12,
figures, demi-rel. mar. brun, fil. tête dor. éb.
(*Thivet.*)

852. Paris, tableau moral et philosophique, par
M. Fournier-Verneuil. *Paris, les principaux
libraires,* 1826, in-8, demi-cart. parch. vert, non
rog.

853. Les Odeurs de Paris, par Louis Veuillot.
Paris, Palmé, 1867, in-8, demi-rel. mar. brun,
tr. jasp.

854. Charles Yriarte. — Les Cercles de Paris (1828-
1864), illustrés par l'auteur. *Paris, Dupré de la
Mahérie,* 1864, in-8, br.

855. La Vie parisienne, dirigée par Marcellin; 1867-
69, environ 150 livraisons.

856. Mystères des restaurants, cafés et comestibles ;
promenade d'un friand à travers les rues de la
capitale, 1845. — La Lorette, par Edm. et Jules

de Goncourt, 1853. — La Grammaire de l'amour
à l'usage des gens du monde, par A. Vémar,
1857. — Les Bohémiennes de l'amour, scènes de
la vie parisienne, par Louis de Montchamp, 1859.
— Ces Petites Dames de théâtre, 1862. — Les
Cocottes, 1864. — Restaurateurs et restaurés, par
Eugène Chavette, dessins de Cham. 1867. Ens.
7 vol. in-24, br.

857. Paris anecdote. — Les Industries inconnues,
la Childebert, les Oiseaux de nuit, la Villa des
chiffonniers, par Alexis Privat d'Anglemont. *Paris,
chez P. Jannet,* 1854, in-16, v. fauv. dent. int.
et fil. initiales sur les plats, dent. int. **tr. dor.**
(*Closs.*)

858. Ce qu'on voit dans les rues de Paris, par
Victor Fournel. *Paris, Adolphe Delahays,* 1858,
pet. in-12, demi-rel. v. fauv. tr. marbr.

859. Curiosités de Paris, de Versailles, Marly, Vincennes, Saint-Cloud, et des environs... par M. L.
R. (George-Louis Le Rouge). *Paris,* 1771, 3 vol.
in-12, fig. v. antiq. marbr.

860. Paris, Saint-Cloud et les départements, ou
Buonaparte, sa famille et sa cour. Recueil d'a-
necdotes relatives aux personnages qui ont figuré
depuis le commencement de la Révolution française, par un chambellan forcé à l'être. *Paris,
Ménard et Desenne,* 1820, 3 vol. in-8, demi-rel. v.

861. Paris, Versailles et les provinces au xviii[e]
siècle, anecdotes sur la vie privée de plusieurs
ministres, évêques, magistrats célèbres, hommes
de lettres et autres personnages connus sous les
règnes de Louis XV et Louis XVI, par un ancien
officier aux gardes françaises (le marquis J.-L.-M.
Dugast de Bois Saint-Just, avec des retranche-
ments et des augmentations, par J.-L. Mély-

Janin). *Paris, Ch. Gosselin,* 1823, 3 vol. in-8, demi-rel. v. fauv. tr. jasp.

862. Les Environs de Paris. Paysage, histoire, monuments, mœurs, chroniques et traditions, ouvrage rédigé par l'élite de la littérature contemporaine sous la direction de MM. Ch. Nodier et L. Lurine. *Paris, P. Boizard, s. d.,* gr. in-8, fig. demi-rel. mar. noir, tr. jasp.

863. Histoire des rues de Versailles et de ses places et avenues depuis l'origine de cette ville jusqu'à nos jours, par J.-A. Le Roi. *Versailles,* 1861, in-8, plan et fig. d'armoiries, demi-rel. mar. rou. tr. dor.

864. Dictionnaire topographique du département de Seine-et-Marne faisant suite au Dictionnaire des environs de Paris, rédigé par Charles Oudiette. *Paris, chez J.-L. Chanson,* 1821, in-8, demi-cart. percal. tête jasp. non rog.

865. Statistique du département de Seine-et-Marne, par M. E. Dubarle. *A Paris, chez Verdière,* 1836, in-8, carte, demi-cart. percal. tête jasp. non rog.

866. Histoire topographique, politique, physique et statistique du département de Seine-et-Marne, par le docteur Félix Pascal. *Melun,* 1844, 2 vol. in-8, cartes, demi-rel. bas.

867. Les Châteaux de France, par Léon Gozlan. *Paris, Michel Lévy frères,* 1857, 2 vol. in-12, demi-rel. mar. rouge, tr. marbr. (*Thivet.*)

868. Le Château de Maisons, son histoire et celle des principaux personnages qui l'ont possédé, par Henri Nicolle. *Paris, Ledoyen,* 1858, in-8, eau-forte, demi-rel. veau brun, tr. marbr.

869. Chinon et ses monuments; notice historique

et archéologique, par M. G. de Cougny. *Chinon, imprimerie G. Avisse*, 1874, in-8, br. plan.

870. Histoire de l'abbaye et de la ville de Beaulieu près Loches, par L. Archambault. *Angers, E. Barrassé*, 1874, in-8, br. de 114 pages, fig.

Extrait de la Revue de l'Anjou.

871. Histoire de Saint-Martin du Tilleul, par un habitant de cette commune (Aug. Le Prévost). *Paris, de l'imprimerie de Crapelet*, 1848, gr. in-8, papier de Hollande, cart. v. fauv. dos orné, fil. init. sur les plats, fil. tr. dor. (*E. Niedrée.*)

872. Esquisses sur Navarre. Lettres à la comtesse de *** par M. d'Avannes. *A Paris, chez Derache*, 1839, 2 vol. in-8, figures sur chine hors texte lithogr. et culs-de-lampe, demi-rel. avec coins, v. fauv. tr. marb. (*Closs.*)

Le tome II contient les notes et pièces justificatives.

873. Notice historique sur le château de Chenonceau par A. Jourdain. *Tours, imprimerie de Mame*, 1845, in-8 de 16 pages, br. 2 grav.

874. Histoire de Chenonceau, ses artistes, ses fêtes, ses vicissitudes, d'après les archives du château et les autres sources historiques, par M. l'abbé C. Chevalier. *Lyon, imprimerie Louis Perrin*, 1868, in-8 br., papier teinté à l'antiq. titre rouge et noir.

875. Histoire du château de Blois par L. de la Saussaye. *Blois et Paris, Techener*, 1840, in-4 br., figures lithogr.

876. Sénac de Meilhan et l'intendance du Hainaut et du Cambrésis sous Louis XVI, thèse pour le doctorat, présentée à la Faculté des lettres de Paris par Louis Legrand. *Paris, Ernest Thorin*, 1868, in-8, demi-rel. mar. bleu, tête dor. non rogn. (*Thivet.*)

877. Antiquités et chroniques percheronnes, ou Recherches sur l'histoire civile, religieuse, monumentale, politique et littéraire de l'ancienne province du Perche et pays limitrophes, par L.-Joseph Fret. *Mortagne, imprimerie de Glacon*, 1838-1840, 3 vol. in-8, br.

878. Itinéraire descriptif et historique du Dauphiné par Adolphe Joanne. *Paris, L. Hachette*, 1862, in-12 cart. toile verte.

879. La France nationale, par MM. Alex. Ducourneau et Am.-Alex. Monteil. — Province de Bourgogne. *Paris, imprimerie de Maulde et Renou, s. d.*, in-4, nombr. figures hors texte lithogr. cart. n. rog.

880. Les Ducs de Bourgogne ; étude sur les lettres, les arts et l'industrie pendant le xv⁰ siècle, et plus particulièrement dans les Pays-Bas et le duché de Bourgogne, par le comte de Laborde. *Paris, Plon, frères*, 1849-1851, 2 vol. gr. in-8, papier vélin.

Seconde partie. Preuves, tomes I et II.
Ouvrage tiré à petit nombre et non terminé.

881. Une Province sous Louis XIV, situation politique et administrative de la Bourgogne de 1661 à 1715, d'après les manuscrits et les documents inédits du temps, par Alex. Thomas. *Paris et Dijon*, 1844, in-8, demi-rel., mar. brun, tr. jasp.

882. La Bretagne ancienne et moderne, par Pitre-Chevalier, illustrée par MM. A. Leleu, O. Penguilly, T. Johannot. *Paris, W. Coquebert, s. d.*, gr. in-8, gravures hors texte sur acier, nombr. fig. sur bois et planches de blasons, v. f. dent. int. fil. dor. sur les plats, tr. jasp.

883. La Vendée et Màdame, par le général Dermon-

court. *Paris, L.-F. Hivert,* 1834, in-8, demi-rel.
v. f. tr. jasp.

884. L'Algérie ancienne et moderne, depuis les premiers établissements des Carthaginois jusqu'à la
prise de la smalah d'Abd-el-Kader, par M. Léon
Galibert, vignettes par Roffet et Rouargue frères.
Paris, Furne, 1844, gr. in-8, fig. demi-rel. avec
coins, chag. rouge, tr. jasp.

IV. HISTOIRE ÉTRANGÈRE.

885. L'Espion dans les cours des princes chrétiens,
etc. (par Jean-Paul Marana). *A Cologne, chez
Erasme Kinkius,* 1715, 6 tomes en 3 vol. in-12,
frontisp. parch. ant.

886. Tableau spéculatif de l'Europe, par Dumouriez. *A Hambourg,* 1798. — Collection de la liste
des ci-devant ducs, marquis, comtes, barons, etc.
(par Dulaure). *A Paris, de l'imprimerie des ci-devant nobles, l'an second de la Liberté* (16 numéros). — Ensemble 2 ouvr. en 1 vol. in-8, demi-
rel. bas.

887. Mémoires historiques de mon temps, contenant des particularités remarquables sur les sou-
verains et les personnages les plus célèbres de
l'Europe pendant une grande partie du xviii° siècle, par sir William Wraxall, traduit de l'anglais
par R.-J. Durdent. *Paris, E. Dentu,* 1817, 2 vol.
in-8, demi-rel. v. rou. n. rog.

Exemplaire provenant de la bibliothèque du château de Neuilly. Le dos
de la reliure porte les armoiries et initiales du roi Louis-Philippe,

888. Histoire secrète de la duchesse de Portsmouth,
où l'on verra une relation des intrigues de la cour
du roi Charles II durant le ministère de cette
duchesse, et une relation aussi de la mort de ce

prince. *Traduit de la copie angloise imprimée à Londres chez Richard Baldwin en 1690 (à la Sphère)*, in-18, mar. rouge, dos orné, fil. dent. int. tr. dor. (*E. Niedrée.*)

889. Essais historiques et biographiques, par lord Macaulay, traduits par M. Guillaume Guizot. *Paris, Michel Lévy frères*, 1860, 2 vol. in-8, br.

890. La Diplomatie vénitienne. — Les princes de l'Europe au xvi° siècle. — François Ier, Philippe II, Catherine de Médecis, les papes, les sultans, d'après les rapports des ambassadeurs vénitiens, par M. Armand Baschet. *Paris, Henri Plon*, 1862, in-8, fac-similé, br.

891. La Question romaine, par E. About. *Bruxelles, Méline et Cans*, 1859, in-8, demi-rel. veau fauve, tr. marbr.

892. Mémoires pour servir à l'histoire d'Espagne sous le règne de Philippe V, par le marquis de Saint-Philippe, traduits de l'espagnol (par de Maudave). *A Amsterdam, chez Zacharie Chatelain*, 1756, 3 vol. in-12, portr. cart. veau ant. marbr.

893. La Vie privée du roi de Prusse, ou Mémoires pour servir à la vie de Voltaire, écrits par lui-même. *Amsterdam*, 1784, petit in-12, portrait, demi-rel. avec coins, v. antiq.

894. Itinéraire descriptif et historique de l'Allemagne, par Adolphe Joanne. — Allemagne du Nord et Allemagne du Sud. *Paris, L. Maison*, 1855, 2 forts vol. in-12, cartes, vélin blanc, tr. rouges, initiales sur les plats.

895. Histoire de la Pologne depuis son origine jusqu'en 1846, par B. Hauréau. *Paris, Pagnerre*, 1846. — P. Bernard. Histoire de l'Autriche et histoire de la Prusse. *Paris, Pagnerre*, 1845, 2 vol. — Christien Ostrowski. Lettres slaves (1833-1857). *Paris, Amyot,* 1857. — La Grèce contemporaine, par Edm. About. *Paris, Hachette,* 1860. — Souvenirs de l'expédition de Chine. Un Voyage à Pékin, par Georges de Kéroulée. *Paris, P. Brunet,* 1861. — La Campagne de Chine, ou six mois avec l'expédition anglaise, par lord Jocelyn, traduit par Xavier Raymond. *Paris, Delloye,* 1841. Ens. 7 vol. in-12, rel. et br.

896. La Vérité sur la Russie, par le prince Pierre Dolgoroukow. *Paris, A. Franck,* 1860, in-8, br.

897. Alexandre William Kinglake. — L'Invasion de la Crimée, origine et histoire de la guerre jusqu'à la mort de lord Raglan, traduit de l'anglais par Théodore Karcher. *Bruxelles,* 1864, 2 vol. in-12, br.

898. L'Élévation et la chute de l'empereur Maximilien. — Intervention française au Mexique, 1861-1867, par le comte E. de Kératry, précédée d'une préface de Prévost-Paradol. — *Paris, A. Lacroix et Verboeckoven,,* 1867, in-8, br.

ARCHÉOLOGIE

HISTOIRE LITTÉRAIRE — NOBLESSE

899. L'Antiquité dévoilée par ses usages, ou Examen critique des principales opinions, cérémonies et institutions religieuses et politiques des

différens peuples de la terre, par feu M. Bou-
langer. *A Amsterdam, chez Marc-Michel Rey,*
1777, 3 vol. in-12, br.

900. Essai sur la numismatique nivernaise, par le
comte George de Soultrait. *Paris, Rollin et Dumoulin,* 1854, in-8, fig. de médailles, v. fauve, dos
orné, fil. init. sur les plats, tr. dor. (*Closs.*)

Exemplaire en GRAND PAPIER.

901. Souvenirs numismatiques de la Révolution de
1840. — Recueil complet des médailles, mon-
naies et jetons qui ont paru en France depuis le
22 février jusqu'au 20 décembre 1848. *Paris, J.
Rousseau, s. d.,* in-4, planches, demi-cart. perc.
viol. tr. jasp.

---

902. Bibliothèque françoise, ou Histoire de la littérature françoise, par M. l'abbé Goujet. *A Paris,
chez P.-J. Mariette et Hipp.-L. Guérin,* 1740-56,
18 vol. in-12, v. antiq. marbr.

Bel exemplaire.

903. Histoire de la littérature française, par D. Ni-
sard. *Paris, Firmin-Didot fr.,* 1844, 4 vol. in-8,
demi-rel. v. fauve, tr. jasp.

904. Mémoires pour servir à l'histoire de notre littérature depuis François Ier jusqu'à nos jours, par
M. Palissot. *De l'imprimerie de Crapelet, à Paris,
chez Girard,* 1803, 2 vol. in-8, demi-rel. bas.

905. Les Quarante Médaillons de l'Académie, par
J. Barbey d'Aurevilly. *Paris, E. Dentu,* 1864,
in-12, demi-rel. mar. rouge, tr. peign.

906. L.-F.-Alfred Maury. — Les Académies d'au-
trefois. — L'Ancienne Académie des inscriptions
et belles-lettres. — L'Ancienne Académie des

sciences. *Paris, Didier*, 1864. Ens. 2 vol. in-12, br.

907. Arthur Dinaux. — Les Sociétés badines, bachiques, littéraires et chantantes, leur histoire et leurs travaux, ouvrage posthume de M. Arthur Dinaux, revu et classé par M. Gustave Brunet, avec un portrait à l'eau-forte par G. Staal. *Paris, Bachelin-Deflorenne*, 1867, 2 vol. in-8, br.

908. Les Oubliés et les Dédaignés, figures littéraires de la fin du xviiie siècle, par M. Charles Monselet. *Paris, Poulet-Malassis et de Broise*, 1861, 2 part. en 1 vol. in-12, demi-rel. mar. br. tête dor. éb. (*Thivet.*)

909. Histoire politique, anecdotique et littéraire du Journal des Débats, par M. Alfred Nettement. *Paris, aux bureaux de l'Écho de France*, 1838, 2 tomes en 1 vol. in-8, demi-rel. mar. vert, tr. jasp.

---

910. États de la noblesse, année 1782, pour servir de supplément à tous les ouvrages historiques, chronologiques, généalogiques, etc. (par le comte Louis-Charles de Waroquier, sieur de Méricourt de la Mothe et de Combles). *Paris, chez Le Boucher*, 1782, 5 vol. petit in-12, veau marbr.

Les tomes III à V ont un titre particulier portant : *Armorial des principales maisons de France et étrangères et de plusieurs villes du royaume.*
Les tomes IV et V contiennent 366 planches gravées.
La reliure n'est pas uniforme.

911. Tablettes de Thémis... (par Louis Chasot de Nantigny). *Paris, Legras*, 1755, 3 vol. in-12, demi-rel. avec coins, mar. vert, dor. en tête, non rog.

912. Calendrier des princes et de la noblesse de France pour l'année 1768 (par Aubert de la

Chenaye des Bois). *Paris, Duchesne,* 1768, in-12, demi-rel. v. viol.

913. Annuaire de la pairie et de la noblesse de France et des maisons souveraines de l'Europe, publié sous la direction de M. Borel d'Hauterive. *Paris,* 1843 à 1875, 31 vol. in-12, fig. de blason, demi-rel. v. fauv. tr. jasp.

914. Annuaire de la noblesse de France et des maisons souveraines de l'Europe, publié par M. Borel d'Hauterive. *Paris, Dentu,* 1876-1879, 4 vol. in-12, br. fig. de blasons.

915. Des Titres de l'ancienne noblesse, par le vicomte Robert d'Estaintot. *Paris, A. Aubry,* 1864, in-16, de 36 pages, papier de Hollande.

916. Notions claires et précises sur l'ancienne noblesse du royaume de France, ou réfutation des prétendus mémoires de la marquise de Créquy, par le comte de Soyecourt. *Paris, chez J. Techener,* 1846, demi-rel. v. f. tr. marb.

917. De la Noblesse et de l'application de la loi contre les usurpations nobiliaires, par M. Pol de Courcy. *Paris, Aug. Aubry,* 1859, in-12, demi-rel. mar. viol. tr. jasp.
Cachets de colportage à la page 4 et à la page 40.

918. Des Distinctions honorifiques et de la particule, par Henri Beaune. *Paris, René Muffat,* 1862, in-12, demi-rel. chagr. vert, tr. marbr.

919. Nouveaux Dessins pour la pratique de l'art héraldique de plusieurs armes des premiers de l'Estat, ornées de leurs couronnes, suppôts, casques et lambrequins et cartouches avec leurs chiffres fleuronnez, leurs noms et qualitez, etc., le tout inventé, dessiné et gravé par Mavelot, graveur de Mgr le duc du Maine. *A Paris, chez l'auteur,* s. d., in-4, titre et 52 planches gravées,

v. fauve, dos orné, fil. dent. int. tr. dor.
(*E. Niedrée.*)

920. Nouveau Manuel complet de Blason, ou Code
héraldique, archéologique et historique, etc., par
Jules Pautet, *Paris, Encyclopédie Roret,* 1843,
in-16, 10 planches pliées, v. bl. fil. init. sur les
plats, dent. int. tr. dor. (*Closs.*)

921. Les Nobles et les Vilains du temps passé, ou
Recherches critiques sur la noblesse et les usurpations nobiliaires, par Alph. Chassant. *Paris,
chez Aug. Aubry,* 1857, in-12, frontispice gravé,
demi-rel. veau fauve, tr. marbr.

922. Manuel de généalogie, ou Manière de calculer
les degrés de parenté dans les partages de succes-
sions, par Gragnon-Lacoste. *Paris-Vaugirard,
Garnier,* 1865, in-8, demi-rel. mar. grenat, tête
dor. non rog. (*Thivet.*)

923. Noms féodaux, ou noms de ceux qui ont tenu
fiefs en France, extraits des archives du royaume,
par dom Betencourt. *Paris, Bachelin-Deflorenne,*
1867, 2 vol. in-8, demi-rel. avec coins, vélin
blanc, tête rouge, éb.

924. Généalogie de la maison de Bourbon, de 1256
à 1869, par Dussieux. *Paris, Lecoffre,* 1869, in-8°
demi-cart. perc. tête jasp. n. rog.
Tiré à petit nombre; exemplaire en papier de Hollande.

925. La Famille d'Orléans depuis son origine jusqu'à
nos jours, par Charles Marchal. *Paris, Cauville fr.,*
1845, in-8 demi-cart. perc. bleu, n. rog.

926. Notice historique et généalogique sur la famille
de Bourgoing en Nivernois et à Paris. *Lyon, impr.
de Louis Perrin,* 1855, in-8, de 55 pages, papier
teinté, blason dans le texte, v. f. fil. chiffre sur
les plats, dent. int. tr. dor. (*Closs.*)
Cette notice généalogique a été dressée en avril 1855 par le comte
George de Soultrait, Nivernois; tiré à petit nombre.

927. Essai sur les apanages, ou mémoire historique de leur établissement (par Louis-François du Vaucel, grand-maître des eaux et forêts au département de Paris). *S. l. n. d.*, 2 tomes en un vol. in-4, v. antiq. marbr. fil.

D'après Barbier, il n'a été tiré que douze exemplaires de cet ouvrage, l'auteur n'ayant pas voulu le rendre public.

Le véritable auteur paraît avoir été M. de Laulne, premier commis de M. du Vaucel.

Le premier volume a 372 pages et le second 403. Les pièces justificatives et la table ont 142 pages.

Le titre porte le cachet : *Bibliothèque du Roi. Palais-Royal.*

928. Nobiliana, curiosités nobiliaires et héraldiques, suite du livre intitulé : les Nobles et les Vilains, par Alph. Chassant. *Paris, Aug. Aubry*, 1858, in-12, frontispice, demi-rel. v. f. tr. marbr.

BIOGRAPHIE

929. Le Grand Dictionnaire historique, par M. Louis Moréri. *Paris*, 1759, 10 vol. in-fol. frontispice gravé par Thomassin, v. ant. marbr.

Vingtième et dernière édition.

930. La Galerie des femmes fortes, par le P. Pierre Le Moyne, de la Cie de Jesvs. *A Leiden, chez Jean Elzevier*, 1660, in-12, frontisp. et figures, parch. ant. à recouv.

931. Histoire de M. Bayle et de ses ouvrages, par M. de la Monnoye. *A Amsterdam, chez Desbordes*, 1716, in-12, parch. antiq.

Exemplaire de Parison.

932. Le Nécrologe des hommes célèbres de France, par une société de gens de lettres (L. Poinsinet de Sivry, Ch. Palissot, Jean Castillon, Jos.-Jérôme de Lalande, N.-L. François de Neufchâteau, Hughes Maret, de Dijon et autres). *A Maestricht, chez J.-E. Dufour,* 1775 à 1782, 19 parties en 9 vol. in-12 (de 1764 à 1782, demi-rel. bas.

933. Hommes et choses de divers temps, par Charles Romey. *Paris, E. Dentu,* 1864, in-12 br.

934. Les Vies de François de Beaumont, baron des Adrets, de Charles de Montbrun et de Soffrey de Calignon, chancelier de Navarre, par M. Guy-Allard. *A Grenoble, chez Jean Nicolas,* 1676, in-12, v. antiq.

Cachet sur le titre.

935. Notices biographiques et littéraires sur la vie et les ouvrages de Jean Vauquelin de la Fresnaye et Nicolas Vauquelin des Yveteaux, gentils-hommes et poètes nomands, 1536-1649 (par le baron Jérôme Pichon). *Paris, Techener,* 1846, in-8, br. de 66 pages.

936. Histoire de la vie et des ouvrages de P. Corneille, par M. J. Taschereau. *Paris, P. Jannet,* 1855, in-12, cart. percal. rouge, n. rog.

937. Antoine Lemaistre et son nouvel historien, par Rapetti. *Paris, Poulet-Malassis,* 1857, in-12 de 59 pages, br.

Tiré à petit nombre.

938. Mémoires sur la vie de Mlle de Lenclos, par M. B*** (A. Bret). — Lettres de Mlle de Ninon de Lenclos au marquis de Sévigné. *Amsterdam, François Joly,* 1763, 2 parties en un vol. in-12, 2 portr. v. antiq. marbr. fil. (*Armoiries sur les plats.*)

939. Le Comte de Clermont, sa cour et ses maîtresses; lettres familières, recherches et documents iné-

dits, par Jules Cousin. *Paris, Acad. des Biblioph.*, 1867, 2 vol., in-12, papier de Hollande, pl. sur chine, br. — Le Comte de Clermont et sa cour, étude historique et critique, par C.-A. Sainte-Beuve. *Paris, Acad. des Biblioph.*, 1868, in-12, br. papier de Hollande.

940. Vie privée du maréchal de Richelieu, contenant ses amours et intrigues (rédigée par M. Faur, ancien secrétaire du duc de Fronsac). *A Paris, chez Buisson,* 1791, 3 vol. in-8, v. antiq. marbr.

On assure que le 3ᵉ volume, où se trouve l'aventure de Mᵐᵉ Michelin, est entièrement de l'invention de M. Faur.

941. Voltaire, par Eug. Noël, *Paris, F. Chamerot,* 1855, fort vol. in-12 br.

942. Mémoire sur d'Alembert. — Mémoire sur Naigeon, et accessoirement sur Sylvain Maréchal et Delalande, par M. Damiron. *Paris, A. Durand,* 1854-1857, 2 ouvrages en 1 vol. in-8 dem.-rel. veau fauv. tr. marb.

943. Précis historique de la vie de M. Bonnard, par M. Garat. *A Paris, de l'impr. de Monsieur,* 1787, pet. in-12, mar. rouge, dos orné fil. dent. int tr. doré, (*Niedrée*).

944. Mémoires de Mᵐᵉ d'Épinay, édition nouvelle et complète, avec des additions, des notes et des éclaircissements inédits par M. Paul Boiteau. *Paris, Charpentier,* 1863, 2 vol. in-8 br.

945. Mémoires pour servir à la vie de M. de Penthièvre, par M. Fontaine. *Paris, imprimerie de Delange,* 1808, in-12, portr. dem.-rel. chagr. viol. tr. jasp.

946. Notice historique et bibliographique sur Chevrier, par M. Gillet. *Nancy, vᵉ Raybois,* 1864. — Jean-Baptiste Nini, ses terres cuites, par A. Villers. *Blois, imprimerie Lecesne,* 1862, 2 ouvrages

réunis en 1 vol. in-8, demi-rel. parch. vert, tête jasp. ébarb.

947. Ch. Monselet. — Rétif de la Bretonne, sa vie et ses amours, documents inédits, etc. *Paris, Aug. Aubry*, 1858, in-12, portrait gravé par Nargeot, demi-rel. mar. bleu, dor. en tête, n. rog.

948. Journal de la vie de S. A. S. Mme la duchesse d'Orléans, douairière; par E. Delille, *Paris, J.-J. Blaise*, 1822, in-8, portrait, demi-rel. bas.

949. Biographie de tous les ministres depuis la Constitution de 1791 jusqu'à nos jours, par L. Gallois. *Paris*, 1825, in-8, demi-rel. mar. rouge, tr. peign.

950. Biographie des lieutenants-généraux, ministres, préfets de la police en France, par M. B. Saint-Edme. *Paris, Am. Costes*, 1829, in-8, demi-rel. mar. vert, tr. jasp.

951. Vie de Béranger, 1780-1857, par Paul Boiteau. *Paris, Perrotin*, 1861, in-16, veau viol. tr. marb.

952. M. Gabriel Delessert, par J. Tripier Le Franc. *Paris, E. Dentu*, 1859, gr. in-8, portrait demi-rel. v. viol. dos orné, tr. marbr.

953. Éloges historiques, Th. Jouffroy, baron de Gérando, Laromiguière, Lakanal, Schelling, comte Portalis, Hallam, lord Macaulay, par M. Mignet. *Paris, Didier*, 1864, in-8, dem.-rel. veau fauv., tête peign. éb.

954. Mémoires de famille historiques, littéraires et religieux, par l'abbé Lambert. *A Paris, chez Charles Painparré*, 1822, in-8 demi-rel. mar. viol. tr. jasp.

955. Sainte-Beuve. — L'OEuvre du poète. — La Méthode du critique. — L'Homme public, l'Homme privé, par Jules Levallois. *Paris, Didier*, 1872, in-12 br.

956. Biographie des hommes remarquables du département de Seine-et-Oise, depuis le commencement de la monarchie jusqu'à ce jour, par MM. E. et H. Daniel. *Paris, Delaunay*, 1832, in-8, broch.

957. Biographie normande, recueil de notices biographiques et bibliographiques sur les personnages célèbres nés en Normandie, et sur ceux qui se sont seulement distingués par leurs actions ou par leurs écrits ; par Théodore Lebreton. *Rouen, A. Le Brument*, 1857-1861, 3 vol. in-8, cart. n. rog.

Exemplaire en GRAND PAPIER VERGÉ. Ce recueil n'a été tiré qu'à très-petit nombre.

958. Vie de Franklin à l'usage de tout le monde, par M. Mignet. *Paris, Pagnerre et Paulin*, 1848, 2 parties en 1 vol. pet. in-12, v. jaune, dos orné, fil. init. sur les plats, dent. int. tr. dor. (*E Niedrée*).

De la collection des petits traités publiés par l'Académie des sciences morales et politiques.

BIBLIOGRAPHIE

959. Philobiblion, excellent traité sur l'amour des livres, par Richard de Bury, traduit pour la première fois en français, précédé d'une introduction et suivi du texte latin revu sur les anciennes éditions et les manuscrits de la Bibliothèque impériale, par Hippolyte Cocheris. *A Paris, chez Aug. Aubry*, 1856, in-12, cart. perc. n. rog.

De la collection des pièces rares ou inédites.

960. Le Livre du bibliophile, deuxième édition. *Paris, Alphonse Lemerre,* 1874, in-16 de 49 pages broch.

961. Bibliothéconomie, ou Nouveau Manuel complet pour l'arrangement, la conservation et l'administration des bibliothèques, par L.-A. Constantin. *Paris, Encyclopédie Roret,* 1841, in-16, 2 planches pliées, v. bleu, init. sur les plats, fil. dent. int. tr. dor. (*Closs.*)

962. Annuaire du bibliophile, du bibliothécaire et de l'archiviste, publié par Louis Lacour. *Paris, Eug. Meugnot et A. Claudin,* 1860-1862, 3 vol. in-12, br.

963. Traité de la typographie, par Henri Fournier. *Paris, H. Fournier,* 1825, in-8, br.

964. Études sur la typographie genevoise du XVᵉ au XIXᵉ siècle, et sur les origines de l'imprimerie en Suisse, par E.-H. Gaullieur. *Genève,* 1855, in-8, br.

965. Les Gazettes de Hollande et la presse clandestine aux XVIIᵉ et XVIIIᵉ siècles, par Eug. Hatin. *Paris, chez René Pincebourde,* 1865, in-8, papier de Hollande, eau-forte de Ulm, br.

966. Histoire politique et littéraire de la presse en France, avec une introduction historique sur les origines du journal, etc., par Eug. Hatin. *Paris, Poulet-Malassis et De Broise,* 1859-1861, 8 vol. in-12, demi-rel. mar. la Vall. tr. peig.

967. Manuel du libraire et de l'amateur des livres, par J.-Ch. Brunet. *Paris, Silvestre,* 1842-1844, 5 vol. in-8, demi-rel. avec coins mar. bleu, tr. peig.

Bel exemplaire.

968. Dictionnaire des ouvrages anonymes et pseu-

donymes par M. Barbier. *Paris, Barrois l'aîné,*
1822, 4 vol.— Nouveau Recueil d'ouvrages anonymes et pseudonymes, par M. de Manne. *Paris,
Gide,* 1834, 1 vol.— Ensemble 5 vol. in-8, cart.
n. rog.

969. La France littéraire, par J.-M. Quérard. *Paris,
Firmin-Didot,* 1827, 10 vol. in-8, texte à 2 col.
demi-rel., v. vert. n. rog.

Exenplaire en GRAND PAPIER.

970. La France littéraire, par J.-M. Quérard. *Paris,*
1857, in-8 (tome XI), demi-cart. perc. bl. éb.

971. Les Supercheries littéraires dévoilées. Galerie
des auteurs apocryphes, supposés, déguisés, pla-
giaires, et des éditeurs infidèles de la littérature
française, par M. J.-M. Quérard. *Paris,* 1847-
1852, 5 vol. in-8, vélin blanc, init. sur les plats,
tr. rouges.

En tête du tome V se trouve deux lettres autographes signées de M. Quérard, et relatives à la publication de cet ouvrage,

972. Le Quérard, archives d'histoire littéraire, de
biographie et de bibliographie françaises, com-
plément périodique de la France littéraire par J.-M.
Quérard. *Paris, au bureau du journal,* 1855, 2
vol. in-8, demi-rel. v. viol. tr. marb.

973. Analectabiblion, ou extraits critiques de divers
livres rares, oubliés ou peu connus, tirés du cabinet du marquis D. R*** (Du Roure). *Paris, Techener,* 1836-1837, 2 vol. in-8, demi-rel. avec
coins, mar. bleu, tr. peig.

Ces *extraits* forment un recueil curieux et instructif.

974. Bibliographie des Mazarinades, publiée pour
la Société de l'histoire de France par C. Moreau.
Paris, J. Renouard, 1850, 3 vol. gr. in-8, demi-
rel. mar. rouge, doré en tête, n. rog. (*Thivet.*)

975. Le Père Duchesne d'Hébert, notice historique

et bibliographique sur ce journal par M. Ch. Brunet. *Paris, France,* 1859. — Biographie des jour-
nalistes, par Edm. Texier. *Paris, Pagnerre, s. d.*
— Histoire du journal en France par Eug. Hatin. *Paris, P. Jannet,* 1853. —Catalogue complet
des journaux qui ont paru depuis le 24 février
jusqu'au 20 août. *Paris,* 1848. — Martyrologe de
la presse, par A. Germain. *Paris, Dumineray,*
1861. — Catalogue des écrits, gravures et dessins condamnés depuis 1814 jusqu'au 1er janvier
1750. *Paris, Pillet,* 1850. — A. Gagnière. Histoire de la presse sous la Commune. *Paris, E.*
Lachaud, 1872. — Les Publications de la rue
pendant le siège et la Commune, bibliographie
pittoresque et anecdotique, par Firm. Maillard.
Paris, Aubry, 1874. — Gazette et Gazetier, par
J.-A. Vaudin. *Paris, E. Dentu,* 1863. — Code
manuel de la presse, par Arm. Ravelet. *Paris,*
Firmin-Didot, 1872. — Ens. 9 vol. in-12, br. cart.
et relié.

976. Bibliotheca scatologica, ou catalogue raisonné
des livres traitant des vertus, faits et gestes du
très-noble et très-ingénieux messire Luc (à re-
bours), seigneur de la Chaise et autres lieux, mê-
mement de ses descendants et autres personnages
de lui issus, ouvrage très-utile pour bien et pro-
prement s'entretenir ès jours gras de carême-pre-
nant, disposé dans l'ordre des lettres R. P. Q.,
traduit de prussien et enrichi de notes très-con-
gruantes au sujet, par trois savants en us (MM. P.
Jannet, J.-P. Payen et Aug. Veinant). *Scatopolis,*
chez les marchands d'aniterges, l'année scatogène
5850 (1850), *Imprimerie Guiraudet et Jouaust,*
gr. in-8, xxxi-144 pages, demi-rel. mar. orange,
fil. doré en tête, éb. (*Thivet.*)

Ce livre a été tiré à 150 exemplaires.

977. Bibliographie des principaux ouvrages relatifs
à l'amour, aux femmes, au mariage, indiquant les

auteurs de ces ouvrages, leurs éditions, leur valeur et les prohibitions ou condamnations dont certains d'entre eux ont été l'objet, par M. le C. d'Y*** (Jules Gay). *Paris, chez Jules Gay*, 1861, in-8, texte à 2 col. demi-rel. mar. roug. tête jasp. éb.

978. Bibliographie des ouvrages relatifs à l'amour, aux femmes, au mariage, etc. *Paris, J. Gay*, 1864, in-8, texte à 2 col. demi-rel. mar. la Vall. dor. en tête, éb.

979. Préface du catalogue de la bibliothèque Mazarine, rédigée en 1751 par le bibliothécaire P. Desmarais, publiée, traduite en français et annotée par Alfred Franklin. *Paris, J. Miart*, 1867, in-16, br. — Maranzakiniana, nouvelle édition conforme à l'original, précédée d'une notice par Gust. Brunet. *Paris, libr. des biblioph.*, 1875, in-16, br.

980. Livres du boudoir de la reine Marie-Antoinette, catalogue authentique et original publié pour la première fois, avec préface et notes, par Louis Lacour. *Paris, J. Gay*, 1862, in-16, br. pap. de Hollande.
Tiré à petit nombre.

981. Bibliothèque de la reine Marie-Antoinette au Petit Trianon, d'après l'inventaire original dressé par ordre de la Convention. Catalogue avec des notes inédites du marquis de Paulmy, mis en ordre et publié par Paul Lacroix. *Paris, J. Gay*, 1863, in-16, br.

982. Catalogue de la bibliothèque de feu M. Charles Nodier. *Paris, J. Techener*, 1844, in-8, br.

983. Catalogue de la bibliothèque de M. L*** (Libri). *Paris, Sylvestre et P. Jannet*, 1847, in-8, cart.

984. Bibliothèque de M. Aimé-Martin, composée de livres anciens et rares, la plupart en riches et élégantes reliures. *Paris, Techener,* 1847, in-8, demi-rel. avec coins, mar. bleu, dos orn. tr. jasp.

Exemplaire en GRAND PAPIER réglé et noms des acquéreurs et prix manuscrits.

985. Catalogue des livres composant la bibliothèque poétique de M. Viollet-le-Duc avec des notes bibliographiques, biographiques et littéraires sur chacun des ouvrages catalogués. *Paris, Flot,* 1847, in-8, demi-rel. veau fauv. tr. jasp.

986. Catalogue d'une collection de livres rares et précieux (ayant appartenu à M. le baron de La-roche-Lacarelle). — Catalogue d'une jolie collection de livres (ayant appartenu au prince N. Camerata). *Paris, L. Potier,* 1853-59, 2 vol. in-18, br.

987. Catalogue des livres rares et précieux, manuscrits et imprimés, de la bibliothèque de feu M. J.-J. de Bure. *Paris, L. Potier,* 1853, in-8, demi-cart. perc. toile, tr. jasp.

988. Catalogue des livres rares et précieux de la bibliothèque de feu M. J.-L.-A. Coste. *Paris, L. Potier,* 1854, in-8, demi-cart. perc. toile, tr. jasp.

989. Catalogue d'une précieuse collection de livres, manuscrits, autographes, dessins et gravures composant la bibliothèque de feu M. Antoine-Augustin Renouard. *Paris, L. Potier,* 1854, in-8, avec la table des noms d'auteurs, demi-cart. perc. tr. jasp.

990. Catalogue des livres, estampes et dessins composant la bibliothèque et le cabinet de feu M. Armand Bertin. *Paris, J. Techener,* 1854, in-8, planch. demi-cart. perc. tr. jasp.

On a relié à la suite le catalogue des estampes et dessins (402 numéros).

991. Catalogue des livres manuscrits et imprimés composant la bibliothèque de M. Charles Sauvageot, conservateur honoraire des musées du Louvre, avec une notice biographique, par M. Le Roux de Lincy. *Paris, L. Potier,* 1860, in-8, demi-cart. perc. tr. jasp.

992. Catalogue de la bibliothèque de M. Félix Solar. *Paris, Techener,* 1860, in-8 (préface de M. P. Lacroix), demi-rel. marbr. viol. tr. marbr.

Catalogue comprenant 3,148 numéros avec les prix d'adjudication mis à l'encre. Cette vente produisit 485,875 fr.

993. Catalogue des livres, manuscrits et imprimés composant la bibliothèque de M. Armand Cigogne, précédée d'une notice bibliographique, par M. Le Roux de Lincy. *Paris, chez L. Potier,* 1861, gr. in-8, br.

Cette collection de 2,910 numéros a été acquise à l'amiable et fait aujourd'hui partie de la bibliothèque du duc d'Aumale.

994. Catalogue de livres rares et précieux imprimés et manuscrits, dessins et vignettes composant la bibliothèque de feu M. le comte H. de la Bédoyère. *Paris, L. Potier,* 1862, gr. in-8, demi-rel. mar. la Vall. tête peign. non rog.

Exemplaire avec la table impr. des prix d'adjudication pour la première partie et mis à l'encre pour la seconde partie.

995. Catalogue des livres anciens et modernes composant la bibliothèque de feu M. Emeric David, avec une notice bibliographique par P. L. Jacob, bibliophile. *Paris, chez J. Techener,* 1862, in-8 br.

996. Description historique et bibliographique de la collection de feu M. le comte H. de la Bédoyère, sur la Révolution française, l'Empire et la Restauration, rédigée par France. *A Paris, chez France,* 1862, gr. in-8 br. port.

997. Catalogue des livres rares et précieux de

M. Léopold Double. *Paris, chez Techener*, 1863,
in-8 br.

397 numéros ayant produit 272,000 fr.

998. Catalogue des livres rares et précieux composant la bibliothèque de M. le prince de Sigismond
Radziwill. *Paris, L. Potier*, 1865, dem.-cart.
perc. non. rog.

999. Catalogue des livres rares et précieux, manuscrits et imprimés, composant la bibliothèque
de M. Chedeau. *Paris, L. Potier*, 1865, in-8, br.

Avec les prix d'adjudication mis à l'encre.

1000. Catalogue de la bibliothèque de M. N. Yeme-
niz, précédé d'une notice par M. Le Roux de
Lincy. *Paris, Bachelin-Deflorenne*, 1867, gr.
in-8 br.

Grande bibliothèque de 4,000 numéros, dans laquelle les livres gothiques,
les livres imprimés sur vélin et les belles reliures abondaient. Cette riche
collection a produit environ 725,000 fr.

1001. Catalogue des livres rares et précieux com-
posant la bibliothèque de feu M. Jacques-Charles
Brunet, première et deuxième parties. *Paris, L.
Potier et A. Labitte*, 1868, 2 vol. in-8 br.

Exemplaires avec la table imprimée des prix d'adjudication.

1002. Catalogue des livres rares et précieux, manuscrits et imprimés, de la bibliothèque de M. le
baron J. P*** (Pichon). *Paris, L. Potier*, 1869,
in-8 br.

Belle collection contenant 1,087 numéros qui ont produit 451,650 fr.

1003. Catalogue des livres rares et précieux, manuscrits et imprimés, faisant partie de la librairie
de L. Potier. *Paris, L. Potier et Adolphe Labitte*,
1870-72, 2 vol. gr. in-8 br-

1004. Catalogue des livres rares et précieux, composant la bibliothèque de M. E.-F.-D. Ruggieri.
Paris, Adolphe Labitte, 1873, in-8 br. avec la
notice du supplément.

005. Catalogues de bibliothèques particulières, 1856 à 1875, 21 vol. in-8, br.

Catalogue M. G. Duplessis. *Potier*, 1856. — Le comte J.-M. Portalis. *Potier*, 1859. — Marquis de Martainville. *Potier*, 1859. — Aug. Veinant. *Potier*, 1860-63, 2 parties. — Naudin. *Bachelin-Deflorenne*, 1865. — Armand Baschet. *Bachelin-Deflorenne*, 1866. — Le prince Sigismond Radziwill. *Potier*, 1866 (2ᵉ partie). — Capé, relieur. *Potier*, 1868. — A. Taillandier. *Potier*, 1868. — Sainte-Beuve. *Potier* et *Labitte*, 1870 (1ʳᵉ partie). — Soleil. *Potier*, 1871. — Le marquis de Morante. *Bachelin-Deflorenne*, 1872-1873 (1ʳᵉ et 3ᵉ partie). — Ch. Brunet. *Labitte*, 1872. — J.-F. Payen. *Labitte*, 1873. — Renzon. *Bachelin-Deflorenne*, 1875.
Catalogue Potier, 1857, 1860-1871, 3 vol.
Catalogue Fontaine, 1874 (prix marqués).

ENCYCLOPÉDIE ET JOURNAUX

1006. Annuaire encyclopédique, publié par les directeurs de l'Encyclopédie du xixᵉ siècle (1859-1860). *Paris, au bureau de l'Encyclopédie du XIXᵉ siècle*, 1860, in-8, texte à 2 col. fig. dans le texte, demi-rel. cart. percal. ébarb.

1007. Le Nain jaune, ou journal des arts, des sciences et de la littérature, par Cauchois-Lemaire, Etienne, Merle, Jouy (du 15 décembre 1814 au 30 octobre 1816), 41 numéros en 4 vol. in-8, avec caricatures coloriées, cart. n. rog.

Ce journal fut la continuation d'une feuille littéraire : *le Journal des arts, des sciences et de la littérature*, publié par Porthmann, auteur et libraire.
Cauchois-Lemaire, ayant acquis la propriété de ce journal des arts, le transforma sous ce titre original de : *Nain jaune*, et en fit une feuille politique.

1008. Figaro, 15 octobre 1837 (11ᵉ année) au 22 janvier 1838 (nᵒ 100), in-fol. demi-rel. bas. viol.

Rédacteur en chef, Alph. Karr.

T. 11

1009. Figaro. Journal-Livre, revue quotidienne, douze romans et ouvrages inédits par an, publiés chaque jour par livraison. *Paris,* 1837 (de janvier à avril), in-4, demi-rel. v. viol.

1010. Le Charivari, publiant chaque jour un nouveau dessin, journal politique quotidien (fondé par Ch. Philipon), in-4, fig. demi-rel. bas. viol.
Sixième année, 1837, n° 48, au 8 septembre, n° 250.

1011. Revue parisienne, dirigée par M. de Balzac. *Paris, à la Revue parisienne,* 1840, in-16, v. f. fil. et init. sur les plats, tr. dor. (*Duru.*)

1012. Le Représentant du peuple, journal des travailleurs, avril à août 1848, 108 numéros.

1013. Le Mois, résumé mensuel, historique et politique de tous les évènements, jour par jours heure par heure, entièrement rédigé par Alex. Dumas, mars-novembre 1848. 12 numéros relié, en 1 vol. in-4, demi-cart. percal. tr. jasp.

1014. Le Journal. Rédacteur en chef : Alph. Karr. 28 juillet au 31 octobre 1848, 95 numéros. — Le Crédit, journal quotidien. Directeur-gérant : Léopold Amail. Rédacteur en chef : Ch. Duveyrier (du 1er novembre 1848, n° 1, au 31 mai 1849, 211 numéros), ens. 2 journaux reliés en 1 vol. in-fol. demi-rel. mar. bleu.

1015. Le Peuple, rédacteur en chef P.-J. Proudhon (novembre 1848 — juin 1849, 206 numéros), in-fol. demi-rel. mar. bleu.

1016. La Voix du Peuple (1er octobre 1849 au 14 mai 1850, 223 numéros).
Continuation du journal le Peuple, de Proudhon.

1017. Revue de Paris, année 1854 (tomes XX à XXIII), 4 forts vol. in-8, demi-rel. v. f. tr. marbr.

1018. Le Nain jaune (du samedi 16 mai 1863,

n° 1, au mercredi 9 août 1865, 200 numéros), 3 vol. in-fol. demi-rel. parch. vert.

1019. Le Club, journal des gens du monde, directeur Aurélien Scholl (n° 1, 17 novembre 1864, au n° 38, 26 mars 1865), in-fol. demi-rel. parch. vert.

1020. L'Évènement, journal quotidien, rédacteur H. de Villemessant, années 1865-66, 2 vol. gr. in-fol. demi-rel. parch. vert.

1021. La République française, journal politique quotidien de 1873 à 76, grand format en livraisons.

1022. Revue de France. *Paris*, 1874-75, 20 numéros in-8, br.

Nos 29 à 48.

1023. La Lanterne, journal politique quotidien (n° 1, 22 avril 1877, au n° 435, 30 juin 1878), 1 vol. relié, le reste en livraisons.

1024. La Petite République française, journal politique quotidien (n° 1, 13 avril 1876, au n° 1266, 30 septembre 1879), 4 années, en 3 vol. in-fol. cart., le reste en livraisons.

1025. Le Journal officiel de la République française (petit format) de 1876 à 1878, 14 vol. in-4, le reste en livraisons.

TABLE DES DIVISIONS.

Paris. — Typ. G. Chamerot, 19, rue des Saints-Pères. — 9998.

VIENT DE PARAITRE

LES ELZEVIER

HISTOIRE

ET

ANNALES TYPOGRAPHIQUES

PAR

ALPHONSE WILLEMS

Un beau volume grand in-8°, cartonné. . . . . . **30** fr.
Quelques exemplaires en papier de Hollande,
divisés en deux volumes. . . . . **60** fr.

Cet ouvrage, de CCLIX et 607 pages à deux colonnes, orné
de planches, peut être considéré comme le dernier mot de ce
qu'il y a à dire sur les célèbres imprimeurs hollandais et sur les
ouvrages sortis de leurs presses; il remplace tous les travaux
traitant du même sujet, publiés jusqu'à ce jour, y compris les
Annales de Pieters.

Voici les principaux chapitres de la table des matières :

INTRODUCTION

L'OUVRAGE EST DÉDIÉ A M. L. POTIER, ANCIEN LIBRAIRE

Paris. — Typ. G. Chamerot, rue des Saints-Pères, 19. — 9998.

www.ingramcontent.com/pod-product-compliance
Lightning Source LLC
Chambersburg PA
CBHW052052090426
42739CB00010B/2147